科技部推荐优秀科普图书

婚丧礼俗

总顾问 冯天瑜 钮新强
总主编 刘玉堂 王玉德

顾久幸 编著

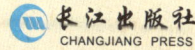

长江文明馆献辞
（代序一）

冯天瑜

> 无边落木萧萧下，
> 不尽长江滚滚来。
> ——杜甫《登高》

江河提供人类生活及生产不可或缺的淡水，并造就深入陆地的水路交通线，江河流域得以成为人类文明的发祥地、现代文明繁衍畅达的处所。因此，兼收自然地理、经济地理、人文地理旨趣的流域文明研究经久不衰。尼罗河、幼发拉底—底格里斯河、印度河、恒河、莱茵河、多瑙河、伏尔加河、亚马孙河、密西西比河、黄河、珠江等河流文明，竞相引起世人关注，而作为中国"母亲河"之一的长江，更以丰饶的自然秉赋、悠远深邃的文化积淀、广阔无垠的发展前景，理所当然成为江河文明研究的翘楚。历史呼唤、现实诉求，长江文明馆应运而生。她以"长江之歌 文明之旅"为主题，以水孕育人类、人类创造文明、文明融于生态为主线，紧紧围绕"走进长江"、"感知文明"和"最长江"三大核心板块，利用现代多媒体等手段，全方位展现长江流域的旖旎风光、悠久历史和璀璨文明。

干流长度居亚洲第一、世界第三的长江，地处亚热带北沿，人类文明发生线——北纬30°线横贯流域。而此纬线通过的几大人类古文明区（印度河流域、两河流域、尼罗河流域等）因副热带高压控制，多是气候干热的沙漠地带，作为文明发展基石的农业仰赖江河灌溉，故有"埃及是尼罗河赠礼"之说。然而，长江得大自然眷顾，亚洲大陆中部崛起的青藏高原和横断山脉阻挡来自太平洋季风的水汽，凝集为巫山云雨，致使这里水热资源丰富，最适宜人类生存发展，是中国乃至世界自然禀赋优越、经济文化潜能巨大的地域。

长江流域的优胜处可归结为"水"—"通"—"中"三字。

冯天瑜

一、淡水富集

长江干流、支流纵横,水量充沛,湖泊星罗棋布,湿地广大,是地球上少有的亚热带淡水富集区,其流域蕴蓄着中国35%的淡水资源、48%的可开发水电资源。如果说石油是20世纪列国依靠的战略物资,那么,21世纪随着核能及非矿物能源(水能、风能、太阳能等)的广为开发,石油的重要性呈缓降之势,而淡水作为关乎生命存亡而又不可替代的资源,其地位进一步提升。当下的共识是:水与空气并列,是人类须臾不可缺的"第一资源"。长江的淡水优势,自古已然,于今为烈,仅以南水北调工程为例,即可见长江之水的战略意义。保护水生态、利用水资源、做好水文章,乃长江文明的一个绝大题目。

二、水运通衢

在水陆空三种运输系统中,水运成本最为低廉且载量巨大。而长江的水运交通发达,其干支流通航里程达6.5万千米,占全国内河通航里程的52.5%,是连接中国东中西部的"黄金水道",其干线航道年货运量已逾十亿吨,超过以水运发达著称的莱茵河和密西西比河,稳居世界第一位。长江中游的武汉古称"九省通衢",即是依凭横贯东西的长江干流和南来之湖湘、北来之汉水、东来之鄱赣造就的航运网,成为川、黔、陕、豫、鄂、湘、赣、皖、苏等省份的物流中心,当代更雄风振起,营造水陆空几纵几横交通枢纽和现代信息汇集区。

三、文明中心

如果说中国的自然地理中心在黄河上中游,那么经济地理、人口地理中心则在长江流域。以武汉为圆心、1000千米为半径画一圆圈,中国主要大都会及经济文化繁荣区皆在圆周近侧。居中可南北呼应、东西贯通、引领全局,近年遂有"长江经济带"发展战略的应运而兴。长江经济带覆盖中国11个省(市),包括长三角的江浙沪3省(市)、中部4省和西南4省(市)。11省(市)GDP总量超过全国的4成,且发展后劲不

冯天瑜

可限量。

　　回望古史，黄河流域对中华文明的早期发育居功至伟，而长江流域依凭巨大潜力，自晚周疾起直追，巴蜀文化、荆楚文化、吴越文化与北方之齐鲁文化、三晋文化、秦羌文化并耀千秋。龙凤齐舞、国风—离骚对称、孔孟—老庄竞存，共同构建二元耦合的中华文化。中唐以降，经济文化重心南移，长江迎来领跑千年的辉煌。近代以来，面对"数千年未有之大变局"，长江担当起中国工业文明的先导、改革开放的先锋。未来学家列举"21世纪全球十大超级城市"，依次为：印度班加罗尔、中国武汉、土耳其伊斯坦布尔、中国上海、泰国曼谷、美国丹佛、美国亚特兰大、墨西哥昆坎—图卢姆、西班牙马德里、加拿大温哥华。在可预期的全球十大超级城市中，竟有两个（武汉与上海）位于长江流域，足见长江文明世界地位之崇高、发展前景之远大。

　　为着了解这一切，我们步入长江文明馆，这里昭示——

　　一道天造地设的巨流，怎样在东亚大陆绘制兼具壮美柔美的自然风貌；

　　一群勤勉聪慧的先民，怎样筚路蓝缕，以启山林，开创丰厚优雅的人文历史。

　　（作者系长江文明馆名誉馆长、武汉大学人文社科资深教授）

一馆览长江 水利写文明
（代序二）

钮新强

"你从雪山走来，春潮是你的风采；你向东海奔去，惊涛是你的气概……"一首《长江之歌》响彻华夏，唱出中华儿女赞美长江、依恋长江的深厚情感。

深厚的情感根植于对长江的热爱。翻阅长江，她横贯神州6300千米，蕴藏了全国1/3的水资源、3/5的水能资源，流域人口和生产总值均超过全国的40%；她冬寒夏热，四季分明，沿神奇的北纬30°延伸，形成了巨大的动植物基因库，蕴育了发达的农业，鱼儿欢腾粮满仓的盛景处处可现；她有上海、武汉、重庆、成都等国之重镇，现代人类文明聚集地如颗颗明珠撒于长江之滨；她有神奇九寨、长江三峡、神农架等旅游胜地，多少享誉世界的瑰丽美景纳入其中；她令李白、范仲淹、苏轼等无数文人墨客浮想联翩，写下无数赞美的词赋，留下千古诗情。

长江两岸中华儿女繁衍生息几千年，勤劳、勇敢、智慧，用双手创造了令世人瞩目的巴蜀文明、楚文明及吴越文明。这些文明如浩浩荡荡的长江之水，生生不息，成为中华文明重要组成部分。

人类认识和开发利用长江的历史，就是一部兴利除弊的发展史，也是长江文明得以丰富与传承的重要基石。据史料记载，自汉代到清代的2100年间，长江平均不到十年就有一次洪水大泛滥，历代的兴衰同水的涨落息息相关。治国先必治水，成为先祖留给我们的古训。

为抵御岷江洪患，李冰父子筑都江堰，工程与自然的和谐统一，成就了千年不朽，成都平原从此"水旱从人、不知饥馑"，天府之国人人神往。

一条京杭大运河，让两岸世世代代的子孙受惠千年。今天，部分河段化身为南水北调东线调水的主要通道，再添新活力，大运河成为连接古今的南北大命脉。

新中国成立以后，百废待兴，党和政府把治水作为治国之大计，长江的治理开发迎来崭新的时代。万里长江，险在荆

钮新强

江。1953年完建的荆江分洪工程三次开闸分洪，抗击1954年大洪水，确保了荆江大堤及两岸人民安全。面对'54洪魔带来的巨大创伤，长江水利人开启长江流域综合规划，与时俱进，历经3轮大编绘，使之成为指导长江治理开发的纲领性文件。

"南方水多，北方水少，能不能从南方借点水给北方？"毛泽东半个多世纪前的伟大构想，是一个多么漫长的期盼与等待呀。南水北调的蓝图，在几代长江水利人无悔选择、默默坚守、创新创造中终于梦想成真，清澈甘甜的长江水在"人造天河"里欢悦北去，源源不断地流向广袤、干渴的华北平原，流向首都北京，流向无数北方人的灵魂里。

新中国成立以来，从长江水利人手中，长江流域诞生了新中国第一座大型水利工程——丹江口水利枢纽工程、万里长江第一坝——葛洲坝工程、世界最大的水利枢纽——三峡工程。与此同时，沉睡万年的大小江河也被一条条唤醒，以清江水布垭、隔河岩等为代表的水利工程星罗棋布，嵌珠镶玉。这是多么艰巨而充满挑战、闪烁智慧的治水历程！也只有在这条巨川之上，才能演绎出如此壮阔的治水奇观，孕育出如此辉煌的水利文明，为古老的长江文明注入新的动力！

当前，长江经济带战略、京津冀协同发展战略及一带一路建设正加推提速，长江因其特殊的地理位置与优质的资源禀赋与三大战略（建设）息息相关，长江流域能否健康发展关系着三大战略（建设）的成败。因此，长江承载的不仅是流域内的百姓富强梦，更是中华民族的伟大复兴梦。长江无愧于中华民族母亲河的称号，她的未来价值无限，魅力永恒。

武汉把长江文明馆落户于第十届园博会园区的核心区，塑造成为园博会的文化制高点和园博园的精神内核，这寄托着武汉对长江的无比敬重与无限珍爱。可以想象，长江文明馆开放之时，来自五湖四海的人们定将发出无比的惊叹：一座长江文明馆，半部中国文明史。

（作者系长江文明馆名誉馆长，中国工程院院士、长江勘测规划设计研究院院长）

目 录

长江流域的婚丧礼俗概述 / 1

上篇 婚嫁

长江流域先民的恋爱之风 / 7
混沌的传说与零星的记载 / 8
浪漫的牧歌与无拘的心境 / 9
少数民族中的恋爱遗风 / 12

礼制的兴起及对婚恋的禁锢 / 31
最初的婚姻法规及礼仪 / 32
日益严格的男女之大防 / 35
父母之命与媒妁之言 / 38

日益复杂的婚姻程序 / 49
长存于世的婚姻六礼 / 50
礼俗并具的复杂聘娶 / 56
眼花缭乱的迎娶礼俗 / 62

颇具特色的婚姻形式 / 84
地位迥异的小妾 / 85
现实考虑的走婚 / 88
入赘与养媳 / 89

婚姻的解除与改嫁再娶 / 95
不平等的夫妻离异 / 96
渐行渐起的女子改嫁 / 98
随心所欲的男子再娶 / 100

下篇 丧葬

报丧与吊祭 / 102

  落气前后的诸多习俗 / 103
  多有禁忌的报丧仪式 / 106
  灵堂的设置与吊祭 / 109
  表明身份的丧服与寿衣 / 118

出殡仪式与祭文 / 121

  送魂之仪 / 122
  出殡之路 / 124
  最后的颂歌——祭仪 / 127

选择下葬的风水宝地 / 128

  请堪舆家择吉地 / 129
  下葬时的驱邪仪式 / 131

颇具特色的葬法 / 134

  墓室、葬法与葬具 / 135
  各地的陪葬习俗 / 140

主要参考文献 / 151

长江流域的婚丧礼俗概述

我们考察婚姻的礼俗，就是考察整个社会的物质文明与精神文明发展的程度。透过这个民俗的窗口，可以看到人间形形色色的悲喜剧，以及形成这些悲喜剧的深刻的社会背景和民族的、经济的、家庭的原因。

中国人对于人生看得最重的，莫过于出生、结婚和死亡三件事。认为一生中最有意义的又莫过于结婚成家，而能够与结婚媲美的只有一件事，那就是高中状元之时，因而民间有一句妇孺皆知的话足以说明这两件最得意的事情，那就是："洞房花烛夜，金榜题名时。"把入洞房和高中状元相提并论，而且用最喜欢的喜庆之色——红色来形容它，把它称为红喜事。人们对于结婚如此重视，是因为它对于人类来说，是生命中的一个重要里程碑，踏入婚姻的长河就意味着开始人生的另一种生活，它是告别童贞走向成熟，并承担起家庭重任的一个重要标志，同时它也关乎人类的繁衍，家庭的存在和社会的发展。我们考察婚姻的礼俗，就是考察整个社会的物质文明与精神文明发展的程度。透过这个民俗的窗口，可以看到人间形形色色的悲喜剧，以及形成这些悲喜剧的深刻的社会背景和民族的、经济的、家庭的原因。

在中国的风俗传统中，礼仪占有很大的成分，这是中国风俗的一个特点。中国人崇尚和讲究礼仪是从周代之前开始的，周代则使各项礼仪更加完备。古代的人们在举行他们认为比较重要的事情时，往往喜欢以各种各样的仪式来使事情更加正式和合于规范，用礼仪的形式使事情办得更加圆满，并且使人们能够有一个能够共同遵守的仪式以规范人们的行为。在举办人生的头等大事——缔结婚姻之时，人们更是要举行格外繁复隆重的礼仪活动，以表示对婚姻这一人生大事的重视及寄予的美好祝愿和期望。

中国礼仪的来源有一部分是由人们在生活中长期形成的习俗转变而来，有一部分是统治者根据统治的需要，为加强对人民的控制而制定的。

> 《诗经·大序》上说："上以风化下，下以风刺上；主文而谲谏，言之者无罪，闻之者足以戒，故曰风。"上之所化指由上而下的教化，有一种推而广之的作用，让人民广泛的接受，所以叫风；下之所化，指人民用以自我教化的东西，在民间为人民所遵循，所以叫俗。

《说文解字》把俗解释为"习也"。《汉书·地理志》上说"凡民禀五常之性，而有刚柔缓急音声不同，系水土之风气，故谓之风；好恶取舍动静无常，随君上之情绪，故谓之俗。"这与前面所说的意思大致相同。它概括了风俗的两种来源，即民间的自生自成的习惯和统治者的教化和规定。

中国婚姻最初在很大程度上是按照风俗和礼仪的规范来缔结的，随着社会的向前发展，封建社会各项制度的逐步建立，婚姻的缔结也由早期由礼俗决定变成由制度、法律与礼俗同时规范。但是尽管有了封建统治者制定的婚姻法规，在民间人们仍然习惯于按照礼仪与风俗的规范来缔结婚姻，所以在谈到中国封建社会的婚姻时，不可避免要更多地谈到婚姻礼俗。在婚姻的礼与俗这两方面，在中国早期，很多时候是难以分清的，礼仪与风俗在早期则是一而二、二而一，礼仪很大成分是由风俗加工而来，礼仪把风俗规范化，风俗又把礼仪大众化、通俗化。

此外，在统治阶级的思想导向和总的政策法令的规范下，民间风俗有些也脱离不了统治阶级的思想指导，尽管在特殊的情况下会有例外。封建社会的婚姻法规也会吸收礼仪习俗的内容，而成为婚姻法律制度的基础。因而使得婚姻的制度、礼仪、风俗方面出现某些相同、相通、相连之处。甚至在有些时候，统治阶级会出于各种原因对民间的婚俗或者少数民族的婚俗进行整饬或者强制性的改变，这些对于各地各民族的婚俗往往会带来不同程度的影响，成为婚俗发展中的另一种力量。

婚姻是伴随着社会发展到一定的阶段而产生的人类特有的行为，从本质上讲，它是基于对传统习惯上的男女之间关系的一种限制。婚姻是人类自身发展需要而产生的行为，在人类的发展过程中，男女之间的关系经历了以下几个阶段：最早是人类为了繁衍自身，而需要男女相配，这一阶段从本质上讲还不能算作婚姻；而后是为了生活的需要，男女互相结成伴侣，这一阶段已经有了初步的婚姻属性；再后来人类为了经济和政治的目的，而组成家庭；当人类发展到更高阶段时，男女之间的关系就不仅仅是人类政治经济和性的需要，而包括更高层次上的需要，即感情。当人类结成有组织的社会团体时，男女交往的习俗就已经产生了，尽管这时的交往从严格的意义上说，还不能称之为婚姻，但已经是人类婚姻的前奏曲，所以，这种男女交往时的习俗，也算在婚姻习俗之内。可能我们对这一时期的习俗不会有很多的发现，姑且把它算作人类发展的一个阶段，将就仅有的资料作一些尽可能的分析。

古人对于婚姻的概念有很多种，最早的婚姻一词出现在《尔雅·释亲》一书中。书中说：女子子之夫为婿，婿之父为姻，妇之父为婚。这一解释显示了婚姻最初是由男女双方的父辈决定。《礼记》中也有这样的记载，曰"昏礼者，将合二姓之好。"它显示出婚姻是两户不同姓氏家庭的行为，而不是个人的行为。事实上，远古蒙昧时期的婚姻只是最初的男女之间一种比较常见的、略高于动物的性的关系。如果把这样的关系也称作婚姻的话，那么，人类的婚姻大致经过了这样几种阶段，最初是男女之间不分辈分、血缘的杂乱的性关系，这时候是完全没有婚姻家庭可言的。《吕氏春秋》这本书上这样说道："昔太古尝无君矣，其民聚生群处，知母不知其父，无亲戚、兄弟、夫妻、男女之别，无上下、长幼之道。"后来人类进化了一些之后，开始排除子女与父母之间的性关系，产生了辈行婚，开始组成血缘家庭。这个时候人们之间的关系还只是群婚的关系，这与后世的个体婚姻还有很大区别。这一阶段持续了很长一段时间，由于人类知识的不断丰富，人们逐渐找到更加适合于人类发展的婚姻形式，那就是氏族外的通婚，这一婚姻形式禁止了兄弟姊妹之间的性关系，只与氏族外的人保持性关系。但它还不是男女个体之间的婚姻，而是整个氏族之间的通婚。随着经济的发展、人类社会的进步，婚姻才进入男女之间相对保持比较长久和稳定关系的个体婚，严格地说起来，这一阶段才是人类的婚姻阶段。这时候人类脱离了蒙昧时代，有了比较完整的家庭概念。人类的婚姻在此基础上进一步发展时，就出现了比较完整的婚姻形式，这就是在人类社会大体上纵贯几千年的一夫一妻制家庭。只有在这时候，才出现了各种各样的丰富的婚姻方面的礼仪习俗。

当人类的生活条件极端艰苦、文化生活极端低下的时候，男女之间简单的、短时间的苟合，可能不会产生很多需要共同遵守的习惯和考虑礼节仪式。随着经济的发展，男女交往的频繁和相对的稳定，逐渐有了需要共同遵守的习惯。

婚姻礼俗的繁简也与社会发展的程度，人们的生活水平高低息息相关。当人类处在很低的生活环境中时，婚姻的礼俗都很简单，仅只是根据当时的经济状况附合一些礼俗法规；当人们的生活水平达到一定程度时，婚姻礼俗逐渐繁复起来。但人们经济状况的改善并不是统一的，因而各阶层的人总有一些不完全相同的习俗，习俗从总体上看，是由下层的民俗中兴起，但有时候，社会上起支配地位人也会对民俗的发展起着比较重要的作用，比如一个地区的官员或者国家的统治者要对风俗进行整饬，他们会起到支配的作用，如果时间很长，有时候也能够改变大多数人的习惯和心理的行为，用一个词来形容，就是移风易俗。中国各个朝代的统治者，都会根据当时社会的情况或者统治者的需要，对民间的风俗进行一些调整或者改变。在中国封建社会发展的鼎盛时期的唐代，就对婚俗进行了这样的一些改变：唐初的亲迎之礼还是如古时一样，在黄昏时举行，但到了唐后期时，婚礼的举行则在早晨。唐代段成式在《酉阳杂俎》一书中说"婚礼必用昏，以其阳往而阴来也。今行礼于晓祭、质明行事。"唐朝是个相当开放的朝代，它在婚俗方面接受了某些少数民族风俗，在婚仪中出现了许多汉俗与少数民族婚俗相融合的现象，如破酒、拦门、障车、观花烛、卜地安帐、催妆、坐鞍、下婿、撒帐、合髻、交拜、弄妇、撑花伞娶妇等一系列多彩的婚俗，有了很大改革和创新，并且对某些陋俗采取抵制的态度。正式由于唐代的经济大踏步的发展，人民的生活有较大的改善，才使得婚俗向着繁琐和奢侈的方向发展。清朝代的统治者根据自己的统治需要，如对少数民族中的风俗进行了比较大的改变，历史上叫做改土归流。这其中包括对婚恋习俗的整饬改革。太平天国也对婚姻习俗进行了大胆的革除，有些是顺应历史发展的趋势，有些则违背规律，推行不下去。民国年间对旧的婚姻习俗也有比较多的革除。中国共产党领导下的革命根据地对旧式婚姻礼俗法规进行了大胆的废除，带有从根本上进行变革的性质。所以民俗尽管从民众中产生，并流传和作用于人民的生活，但在某些时候，占支配地位的人群或者统治者，也可以根据民众的需要，或者统治者的意志，推出一些或者有利于人民的生活，有利于社会发展，或者有利于统治者利益的民俗政策。有些符合民众利益的改革，很快就会得到民众的拥护，形成为新的民俗；有些不符合人民利益，或者暂得不到民众理解的，则需要统治者付出较大的力量推行，或者夭折，这也是民俗发展历史上的一个规律。

死亡是人类无法超越的一种生理现象，但是如何对待死亡、处置死者却是能够引起人类各种观念和行为的复杂文化现象，它包括了不少思想史、民族学、民俗学的因素。我们日常生活中见到的人类的丧葬行为，都包括着这样一些因素。其中民俗的因素更是在具体的丧葬文化中为我们所多见。从几千年来这一保持着相对稳定的民间风俗中，我们可以看到一些古代人们关于丧葬的思想和行为。丧葬这一具体的文化现象，又具有很大的普遍性和较深沉的历史积淀，它更能反映出中华民族古代关于丧葬的历史与文化。因此，我们可以说，了解了丧葬的民间风俗，也就大致了解了丧葬的内容。

　　丧葬到底是一种什么性质的行为呢？如果我们从丧葬的本质来看，它其实是一种带有比较强烈的宗教性行为，它在内容上包括了巫术、信仰和宗教的成分。当一个人死亡后，他的亲友们要围绕着他按照一定的仪式或规则举行各种活动，用来哀悼和处置死者，通过一系列的仪式性的行为，表现出人们对生与死、对灵魂、对来世的认识，以及人们的信仰和观念。中国大概从汉代的时候开始，就流行厚葬的风俗，相对薄葬而言，厚葬在中国的历史上占据着绝对的优势。这是因为中国人自古就相信灵魂不灭，同时在中国古代社会，儒家的孝道观是中国人所提倡的伦理道德观，中国人的家族观念也颇为浓厚，在亲人死后，一定要举行仪式表示自己对长辈、对亲人的悼念和哀思。因此，体现这些观念的丧葬行为就是厚葬。由于丧葬中有着诸多复杂的礼仪活动，就使得丧葬中的民风民俗充分的发展。长江流域的丧葬风俗在古代呈现出多种多样的特征，到了后世，各地的风俗也有较大的差别，与中原地区相比，在长江中游地区最大的一个特点就是巫风颇为流行，此外还有一些独具特色的民风民俗。

　　中国人对于丧葬活动，有着种种不同的叫法，就一般的情况而言，对老人（在古代一般是指六十岁以上），死后的丧事被称为喜事，相对结婚的红喜事来说，习惯上把它叫做白喜事。六十岁的男性老人死亡，叫做寿终正寝，女的叫寿内正寝。在这一个年龄段以下死亡的人，民间才认为是一种名副其实的丧事，人们把这类丧事才称作丧事。对于不同年龄死者的丧事，人们在习惯上也有不同的处理方式和风俗。

上篇　婚嫁

长江流域先民的恋爱之风

人们一定很想知道远古时候人类自由恋爱的情景，但我们现在已经无法完整地看到了。所幸的是史书给我们留下了弥足珍贵的一些古史和传说，使我们有幸能大致管窥到当时的恋爱情景。更可宝贵的是，某些民族中延续下来的婚恋风俗，保留了一部分原始的遗风的活化石，印证着史书的记载。

混沌的传说与零星的记载

先秦时期秦国的一位大商人吕不韦命他的宾客编著了《吕氏春秋》一书，书上对上古时期的婚姻状况有这样一段描述："昔太古尝无君矣。其民聚生群处，知母不知父，无亲戚、兄弟、夫妻、男女之别，无上下、长幼之道。"这是我们见到的较早对人类自然状态的男女关系所作的描绘。如果我们看看差不多同一时期的另一本书《列子》，就可以比较完整地了解当时男女关系的状况及所经历的婚恋过程了。

> 在《列子·汤问》中是这样说的"男女杂游，不媒不聘"。就是说当时的男女之间没有男女之大防，互相之间可以自由的来往，婚姻也不需要媒人牵线，更不需要聘礼。

这种状况就意味着当时男女之间的交往是自由的，婚姻也没有礼制的规定。男女进入成年期后，就可以自由交往，一旦有了感情，就可以无所禁忌的生活在一起。这是远古人类的一幅自由恋爱图。

我国最早的一部民间诗歌总集《诗经》中，记载了不少古代男女之间恋爱的故事，还有他们那时所唱的情歌。诗中反映，在礼教兴起之前，人们曾生活在无拘无束的自由天地里。《商颂》这一篇中，有一段描写了生活在黄河流域的商人的起源。诗中写道"天命玄鸟，降而生商"。关于玄鸟生商的传说，汉朝人刘向在《列女传》中叙述了一个比较完整的故事，他说在尧舜时期，有戎氏的大女儿简狄，领着众姐妹到玄丘的水边去游泳，忽然简狄发现天空中一只小燕子衔着一枚五彩蛋，五彩蛋从天上掉进了草丛中，于是简狄跑过去，把它拣起来，含到嘴里，却一不小心却吞到肚子里去了，过了一段时间就生下了一个可爱的小男孩，这孩子就是后来创立商王朝的契。这个传说故事原来是想说明商朝始君的诞生不同寻常，却真实地反映了尧舜时期男女自由交往的状态。

在受礼教浸染较晚的长江流域的远古历史中，这类事的传说就更加多了。

长江流域先民的恋爱之风

> 魏晋人皇甫谧在《历代帝王世纪》中把前人的诸多传说整理成这样一个故事：炎帝神农氏的母亲有蟜氏女登，与众姐妹一起游华阳山，回来后就有了受孕的感觉，不久生下了炎帝。

它反映的同样是男女青年在野外郊游，自由恋爱、同居，然后怀孕生子这样的事实。这种故事在中国古代颇具普遍意义，它表明中国古代曾经有过一个知母不知父的母系氏族阶段，男女之间的关系不受任何约束，完全是自由的。后来一些受了礼制教化的文人，为了使自己的祖先出身合于礼法，便给有蟜氏配上了一个合法的丈夫——少典，使神农氏有了合法的双亲，也使炎帝的出生合法化，他的后人则感觉到自己的祖先出身名正言顺。

浪漫的牧歌与无拘的心境

当人类脱离了原始阶段，进入到文明时代，婚姻关系开始打上父系家长制的烙印和阶级社会的痕迹，但是早期的自由恋爱风俗仍然保留在民间，并且占据着婚姻生活的较大部分。与早期淳朴自然的特点相比，虽然这是一种禁锢，但打上了文明时代的烙印，这是历史向前跨进的表现，而浪漫的牧歌与逐渐加强的礼制的约束，则成为生活中的一道多姿多彩的风景线，有文明的发展，同时也散发着人性的光芒。

> 先秦时期有一本汇集周朝各种礼仪和制度的重要典籍《周礼》，给男女之间的自由交往留下一个回旋之地。《周礼》上这样规定："仲春之月，令会男女，于是时也，奔者不禁。"这一规定反映出古代自由开放强劲的余风，这是统治者对既成事实的无可奈何的承认。

《左传》讲了这样一个颇具传奇色彩的事情：春秋初期楚国有一位著名的令尹名叫子文，子文的父亲斗伯比年轻的时候跟着母亲住在附属于楚国的一个小国——鄅国中。在一次可供青年男女聚会的祭祀活动中，斗伯比邂逅了鄅国公年轻的女儿，两人一见钟情，此后就频频约会。在一番浪漫的爱情之后，鄖公的女儿怀孕生下了两人爱情的结晶——子文。她的母亲知道真相后，不能容忍这一非婚生的孩子留在家中。不顾女儿的苦苦哀求，把小外孙丢进了野兽出没的沼泽地里，谁都没指望这孩子还能活下去。有一天鄖国公带着随从来到云梦之地打猎，发现一只老虎的怀中躺着一个初生的婴儿，并且还在吃它的奶，一行人都颇为惊讶。回家后鄖国公把这件事讲给夫人听了，鄖夫人一听大惊失色，于是派人到云梦泽中去救这个孩子。大家打跑了老虎，抱回了孩子，同时鄖夫人也应允了女儿与斗伯比的婚事，一场自由恋爱终于有了美满的结局。孩子被外祖父起名为斗谷於菟，就是老虎哺养的意思，后来才起大名为子文。屈原在《天问》中也曾就此事提出过质疑，说明了它的真实性。这件事情反映的是婚姻在走向礼制规范之际，强大的民俗传统在与礼法的较量中，传统的力量仍然占据上风，自由恋爱的婚姻最终被家长承认。婚姻的当事人赢得了胜利。

这时周代的礼法已经在长江流域流行开来。楚国对于礼法的态度是表面的遵奉多于实际的行动。在楚国上层社会的贵族中，表面上也遵循周礼，实际上却是我行我素。春秋中后期，楚国有一位国君——楚平王，名叫弃疾，他在即位之前曾在楚国的属国——蔡国做大夫，后来与这里的一位女子好上了，这个女子顾不得当时正流行的媒妁婚聘等形式，就迫不及待地投入弃疾的怀抱，形成事实上的婚姻，并为他生下一个儿子。弃疾成为楚王后，也无视当时的礼法，把这个没有明媒正娶的蔡女带回王宫，并把她生下的儿子立为太子，就是后来的太子建。尽管后来楚平王移情别恋，太子建也因此被黜，但当初弃疾与蔡女的恋爱却完全是一种没有任何约束的自由婚恋。

楚国的男子在婚恋上我行我素，楚国的女子在这一方面也毫不逊色。她们只要有机会，就会对婚姻大事自作主张。春秋末年，吴国联合唐、蔡等国攻占楚国的郢都，楚昭王狼狈地逃出王宫。仓惶之际，楚昭王只带了自己的妹妹季芈畀我和几个官员一起出城。路上长途跋涉，艰难逃命。随行的一位宫廷乐师钟建便负起了帮助季芈畀我逃命的责任，一路上连背带扶的带着她走到目的地。战乱平息后，昭王等人回到郢都。不久，作为哥哥的楚昭王，把妹妹的婚姻大事提上了议事日程。可是当其兄说出这一打算时，意想不到地遭到季芈畀我的坚决反对。不听从王兄的安排，表示非

长江流域先民的恋爱之风

钟建不嫁,她说,作为一个女子,与一个男子有了肌肤之交以后,还怎么可以再嫁给别人呢?钟建一路上背着我,我只能作他的妻子。季芈畀我一番无懈可击的话,令楚昭王无言以对。事实上在畀我这一番话的背后,可能隐藏着她更深一层的动机,那就是在一路的逃难中,她和钟建已经产生了感情,为了抵制兄长的包办婚姻,所以她想出了这个主意,以礼法为武器来保护自己,决定嫁给自己中意的男子。我们可以设想一下,假如钟建是个又老又丑的半老头子,猜想年轻的王妹也不会自己往火坑里跳吧。更何况那时的礼教还没有达到让人们自觉遵守的程度。因此,畀我的行动,很有可能就是一种选择自主婚的手段,这种有胆有识的做法确实令人佩服。

楚辞中表现的男女约会,充满着浪漫的情调。他们除了在约会的地点上选择环境幽静的山野林间、湖滨江畔水洲,以及能够更多结识朋友的闾社祭祀之地以外,在约会时他们还刻意地装饰自己,取悦对方,或者用精心选择的方式来表达自己的爱意。《九歌·山鬼》中的女子,为了取悦自己中意的男子,浑身披着花枝藤蔓,在那里脉脉含情地微笑,等待着爱人的到来。《九歌·大司命》写一位恋爱中人,折下一枝美丽的花枝疏麻,准备去送给意中人。在恋爱成功之时,他们还以自己钟爱的小礼物送给对方作为定情物。如"解佩囊以结言兮,吾令蹇修以为理。"(《离骚》)湘夫人在久等湘君不至时,便把自己佩戴的美玉丢到水中,以表达自己对湘君的一片真情厚意。当时的规矩是男女之间定情是要"待媒而结言"的,但楚人却可以不通过媒人,只要双方的信物就可以定下百年之好。

「《离骚》中的插图」

少数民族中的恋爱遗风

当汉民族逐步进入封建时代,礼教成为禁锢男女之间关系的牢笼时,长江流域的少数民族地区却还浸润在男女自由交往的古风中。

长江上游的西南地区是少数民族的聚居区,现在居住在这一地区的少数民族与古代的巴濮之民有着直接的承袭关系。巴族曾是此地的统治民族,濮人也曾经是我国南方的一个很大的族系,被称为"百濮",他们的历史可以追溯到商朝。在西周时期,濮人散居于楚人居住的汉江一带,后来可能迫于楚人的强大压力而向四川、云南、贵州、湖南等地迁徙。到汉代,他们开始聚居到云南的保山、大理、永平一带,各支逐步分离或融合,形成各个少数民族。此外还有苴、奴、夷等蛮族。随后又出现了由这些族分化而成的僚族,等等。

> 这些民族后来的族系大致上可以归纳到现代的汉藏语系的壮傣语和苗瑶语诸民族中。(童恩正《古代的巴蜀》)

现在分布在西南地区的少数民族仡佬族、布依族、佤族和布朗族,古代都曾是濮人或濮人的分支——僚人的后裔。除了佤族和布朗族现在居住在滇南的西双版纳等地之外,其余的民族还住在长江流域所在的贵州、云南、四川等上游地区。当年巴濮民族的婚姻风俗我们现在已很难看到完整的材料,但是在这些濮人的后裔中,我们还能看到某些风俗的踪影。它们还没有完全被现代文明所同化,那里的传统习俗依然能让我们感受到历史在其中的沉淀。

布依族 布依族是古代骆越人和僚人的后裔,他们居住在长江上游的贵州南部布依族苗族自治州,直到新中国成立前,他们还保留着古老的传统婚俗。他们把男女自由恋爱的活动叫做"玩表"、"坐表"、"赶表"、"闹门墙",等等,布依族语称为"浪哨"。在布

「布依族」

长江流域先民的恋爱之风

「布依族的"浪哨"」

依族的节日或赶场时，青年男女聚会到一起举行各种活动。"甩糠包"是他们经常进行的一种游戏。糠包是姑娘们把花布里面塞上糠做成的。集会开始时，男女双方隔开一段距离各站一排，互相观察，姑娘们往往成为主动的一方，当她们看中了一个小伙子时，就会把花包甩给他，表示这名男子可以做她的情侣。而小伙子的表现则没有姑娘勇敢，他们大多数时候是按照传统的方法，请来小伙子的姐姐或者嫂嫂做他的介绍人，到他看中的姑娘那儿去牵线。如果姑娘对小伙子有好感，双方约好时间选择幽静的河边或者在赶场的地点约会。这时双方都会带上第三者，采用对歌的形式表达情意，直到彼此认为达到了基本了解的目的，才改为单独交往。与自由恋爱的习俗完全相悖的是，布依族人的婚姻相当不自由，这种状况可能是由于汉族封建文化的影响，在婚姻上打上了封建政治经济的烙印。包办婚姻占据主导地位的结果，就是有情的男女不能成为眷属，自由恋爱成为水中月，镜中花。最后导致许多相爱甚深的青年男女不惜牺牲自己的一切，甚至生命来进行抗争，以践海誓山盟。

藏族 在今天的四川西部靠近甘肃南部和西藏东部的金川，古代是夷人居住的地方。后来成为许多少数民族的聚居区，但现在这里是以藏族为主。金川夷人在古代大致上就是指的居住在四川的藏族，他们的风俗基本上保持着本民族的特点。在婚恋风俗上，他们没有

「藏族」

汉民族诸如问名、纳采等繁琐的礼仪，男女之间的自由恋爱既成事实后，男方家庭就去请喇嘛来选择良辰吉日，随后就是通知女方举行婚礼的时间（《中华全国风俗志·下篇卷六》）。近现代的藏族人除了贵族家庭子女包办婚姻较多以外，平民阶层的青年男女之间仍然是自由恋爱的风俗。在藏族人自己的节日或者庙会、集会和劳动中，他们都会按照自己的意愿去

寻找称心如意的伴侣。

> 四川甘孜康定地区的藏民们有自己的盛大节日"转山会",这是每年农历四月八日春暖花开之时,人们转山拜佛的盛大集会。

「藏族的"转山会"」

这一天,身着节日盛装的人们,从四面八方来到河畔或山坡上,载歌载舞。正值婚龄的青年男女,会尽情地释放自己的热情,去寻找意中人。但对藏族青年男女更具吸引力的,是一年一度的跑马节。农历三月春回大地之时,北山地区的藏民们就穿上最好的衣服,参加赛马活动。男女青年们更是精心地打扮自己,骑着马,奔向跑马地点——斜藏沟。待赛马结束后,小伙子和姑娘们就开始成群结伙地围到一起,手拉手肩并肩,在乐器的伴奏下尽情地歌舞。在这种欢乐的歌舞中,青年们会不失时机地寻找自己意中人。如果有哪一对青年相互看中,就双双离开马场,找一块幽静的地方,去谈心聊天。互相中意了,也便结为亲密的朋友。

彝族 西南地区还居住着一些少数民族,他们是由一些古老的民族或民族分支组合而成,他们的婚恋习俗在长期的岁月中,形成了一些颇具地域特色的传统习俗。其中居住在四川和云南交界处的彝族,他们的始祖是古

「彝族」

代居住在北方的氐羌部落和西南地区的土著民族融合而成。因此在他们的婚恋习俗中既有西北部羌人男女婚姻不自由的痕迹,又有西南少数民族自由开放的遗风。即男女青年尽可以自由的恋爱,但到谈婚论嫁时,却还得由父母作主,外加上媒人的说亲,两种风俗互相混合。

长江流域先民的恋爱之风

「彝族的火把节」

彝族青年男女自由交往选择在传统的节日、大型的集会或者专门的社交场合中进行。彝族民间最盛大的传统节日是火把节，这是青年男女寻觅伴侣互诉衷肠的大好时机。在每年农历六月，农民们把火炬绑在竹杆上照天，祈求来年好收成。青年男女则手持火把到各家游戏一番后，就到山野中欢聚，举行篝火晚会，小伙子和姑娘们在这些活动中寻找自己的意中人。

云南禄丰地区彝族人民的传统节日是每年的"三一花会"。在漫山的马樱花盛开之时，周围几十里地的男女青年一大早就来到花山梁子唱歌跳舞，直到太阳落山。情意相投的男女青年就成双成对的躲进密林中拨动口弦，倾诉爱慕之情。

除了这些节日和集会的机会外，彝族还有一些专门为青年男女交往举行的活动，其中跳月、玩场和歌场是主要的方式。彝族青年常跳的舞叫"阿细跳月"，由男子一边弹着大小三弦，月琴，吹着笛子伴奏，一边与女子对舞，主要动作是拍掌、跳转。这种舞蹈步伐刚健，节奏鲜明，旋律优美，充满着热烈欢快的气氛。

"歌场"是云贵一带流行的一种通过对歌来互相了解的交往形式。在农闲时节，常常是小伙子们一群群地弹着四弦琴，吹着笛子，拉着二胡等乐器，向村外花草繁盛，树木葱郁的地方走去。而姑娘们听到歌声，就会带着自己亲手编织的花线带和美味佳肴，身背尖底背篓，一路欢声笑语地抄小路去追赶小伙子们。当快要接近他们时，姑娘们就在花草丛中藏起来，只把背篓放在显眼的地

「彝族的"歌场"」

方。小伙子们看到背篓便"哟"地一声长啸,蜂拥而上去抢那些背篓。姑娘们若看到背篓被意中人抢去,假意争夺一番便罢手。如果是没有缘分的男女,抢夺一番后,就会自动放手。一阵嬉闹后,小伙子和姑娘们围成一个圆圈,欢快地起舞。一直跳到夜色降临,有情者便悄悄离开人群躲到大树下或草丛中,姑娘开始试着为小伙子装烟筒,称之为"吃火草烟"。小伙子如果接过了烟筒,就表示同意对歌,姑娘边点烟边唱,小伙子答唱。如果双方唱得情投意合,就开始互相表达爱慕之情,如

「白族」

果感情进一步发展,还可以互相赠送礼物定情。到关系基本确定以后,男方再托人去说亲,如果女方家同意,就可以择吉日完婚。也有的青年在对歌时虽已情投意合,但为慎重起见在歌场散了以后还要多方打听,直到第二年或下一次集会上,再来歌场定亲。

　　白族　西南地区文化比较发达的白族,与彝族同为羌人的后裔。它的婚恋习俗受到汉族封建文化的影响比较多,在制度上推行一夫一妻制和父母包办婚姻,还提倡女子三从四德和为丈夫守节等。但在民间风俗中,本民族的传统仍然表现出顽强的生命力,虽然婚姻不能自主,白族男女青年的自由恋爱却照样进行。

白族青年有自由寻求爱情的合法场所。农历七月至九月举行的"石宝山会",既是宗教节日,又是男女青年谈情说爱的正当场合。每到一年的这一天,各地区的白族群众都要聚会于宝石山,举行祭祀活动。青年男女则聚会到一起,举行以白族情歌为主的对歌会。有时对歌的男女双方旗鼓相当,往往要连唱几天。在对歌中,男女青年加深了了

「石宝山会」

解，会使一些原来素不相识的青年成为知心的伴侣。

在春暖花开的时节，白族人民还有另一个盛大的民间节日，叫做"绕三灵"，这也是青年们寻求爱情的大型节日。"绕三灵"又叫"绕山林"、"绕桑林"等，是农闲时的一种春游活动，也是栽种水稻前的祈祷仪式。这一活动相传已有1000多年的历史。节日持续三天

「白族的"宝石山会"」

「绕三灵」

时间。在这期间，身着盛装的人们手执霸王鞭和八角鼓会于城隍庙，一路上载歌载舞，开始各种活动。晚上的时候，男女青年们便会隐藏到树丛中，互相对歌，寻找知音，一直唱到黎明到来。有一首白族民歌对"绕三灵"盛会是这样唱的："四月里来绕三灵，一绕绕到大理城，绕到东门唱一调，绕到西门停一停。绕到桥旁歌一歌，绕到喜洲谈谈情。绕到庙头才住下，一夜唱到大天明。"这首民歌把绕三灵会的大致内容都概括了。

白族人民中最著名的民间娱乐节日是蝴蝶会。每年农历四月十五日前后，大理地区苍山云弄峰下，数也数不清的彩蝶纷纷到这里来聚会，五彩纷呈，形成一大奇观。这时各地方的人都拥到这里来观赏奇景，同时也成了年青人聚会唱歌定情的好时机。电影《五朵金花》中的金花和男青年阿鹏就是在三月街的一次相逢后，到蝴蝶泉来相会进而相约的。他们以对歌的方式进行基本的了解，然后双方约定明年再相会蝴蝶泉边。"山盟海誓先莫讲，相会在明年。"这部电影从一个方面表现出了白族人民的恋爱风俗。

傈僳族　在云南的西北部居住

「傈僳族」

着傈僳族人民。他们婚恋习俗的重要特色是：喜欢用本民族的乐器来表达爱情。"玛弓"是傈僳族常用的口弦。"玛弓"音色柔和悠扬，深受傈僳族妇女的喜爱，被她们用于表达爱情。"亲崩"是与汉族的琵琶大致相同的乐器，可以用来边弹边舞和伴奏。"笛哩哩"是一种竹笛，它分为横笛和竖笛两种，这种笛子音色多样并且柔和优美，也是傈僳族青年用来倾吐心声的一种传媒。除了用乐器表示感情以外，傈僳族人民也喜欢用惯常的唱山歌方式表达爱情。"摆时"是一种较为奔放、热烈的传统曲调，比较容易表现内心的激情，多用于对唱和合唱中，表现出和谐欢快的风格。

「摆时」

纳西族　源于我国古代氐羌部落的云南纳西族，也有一些自己独特的恋爱婚姻风俗，他们习俗中最具特色是保留的母系社会的传统，多年来受到人们的普遍关注。但纳西族和大多数的少数民族一样，虽然保留了原始社会的某些传统，但也接受了现代文明。

纳西族的大部分支系和其他的少数民族一样，保留着自己的民族传统。它的婚姻中的不成文法和彝族有些相似，即：子女们有自己的恋爱自由，但决定婚姻的大权还掌握在父母手中。纳西族青年在十四五岁时就可以离开父母到公房中去居住，他们可以自由结交异性朋友。"咪若贺"就是纳西语谈恋爱的意思。在每年的农历二月祭猪会（也即东山庙会）、六月火把节，或者一些祭祀的节日期间，男女青年都要进行社交活动，利用歌舞娱乐、赛马竞勇、山间游戏等活动相识后，便可以邀上自己的两三个好友，陪伴自己去与对方约会。纳西族人约会有一个有趣的规矩，相约时在路口或十字路口要用石头或者树枝作暗号，作为会面地点。两人会面后，也不直接坐在一起，中间要隔一条小沟或者一丛蓬草，背对背，以弹口弦或吟唱调子互相倾诉心声。如果姑娘觉得小伙子合自己的心意，就会主动向小伙子赠送礼物，小伙子也会回赠给姑娘一些礼物等。纳西族人把爱情自由看得很重，如果双方的关系得不到家庭的承认，他们往往采取以死殉情的做法，以表示对包办婚姻的反抗。

长江流域先民的恋爱之风

永宁宁蒗地区的纳西族人，至今还保留着母系社会的一种婚姻形式。他们叫做"阿夏"婚，也称为"阿注"婚或"阿肖"婚。"肖"是躺下的意思，意为共宿的朋友。它指明双方的关系实质上是在一起过偶居生活。这种关系的建立比较简单，没有仪式，也不需要手续。男女双方关系的建立几乎是一见钟情式的。双方在山上砍柴、田间劳动、路上相逢，或是宗教活动、节日集会，只要两人中意，谈话投机，立刻就可以建立"阿肖"关系。

「纳西族的"阿肖"婚」

在纳西族的支系摩梭人中还有一种"安达"婚制度，"安达"的意思就是"睡觉的朋友"。这种制度与"阿肖"婚制相近，不同的是，"安达"婚不一定是男子到女家，也可以女子到男家，它带有父系制的痕迹。"安达"关系的建立也比较简单，在男女到了规定的成年年龄后，就可以自由地交异性朋友了。有些刚刚成年的小伙子开始接触异性很胆怯，往往要请几个小伙子帮忙，这叫做"安达书"，其方法是趁集会的场合，晚上埋伏在村边，遇上姑娘就拉到小伙子家，这时帮忙的人便走开，让两人单独谈话，如果双方言语投机，就可以发展成"安达"关系。如果有的小伙子公开拉也拉不着"安达"，而又看中了某位姑娘，怎么办呢？这时小伙子就采取晚上到她家的房顶上去丢石子的方式，以引起姑娘的注意。纳西族的姑娘都知道这是怎么一回事，所以，她们会跑上屋顶去看，如果对丢石子的小伙子中意，就会把他领下房来，成为"安达"。永宁地区的纳西族人选择"阿肖"和"安达"也是有一定条件的，他们的条件基本上是把人才作为首选要件，女子对男子的要求是：身材高大，五官端正，年青健壮。

「和睦相处的纳西族伙婚家庭」

所以，英俊高大的小伙子往往女友如云。与此同时，女子年青貌美，身边的小伙子也应接不暇。

"阿肖"或"安达"的关系长短不一，少则几天，多则几年甚至几十年。这种关系的解除也很简单，有的是女方要求男方下次不要来，或者是男方打个招呼就可以不来了。有时干脆不打招呼扬长而去，对方也不会见怪。

纳西族的这种走婚形式，是群婚制的残余。群婚制下的人在爱情方面还处于较原始的阶段，一般是凭着短暂的了解，产生好感而结成男女朋友关系，而且他们随时都可能分手，所以谈不上什么天长地久生死相依的爱情。但是，它也有别于完全出自情欲的男女关系。他们之间有着短暂地接触和了解，有对对方的基本要求，产生好感后才会接纳对方，而且完全是出自当事人自愿的行为，所以它是适合群婚制的一种初恋形式。永宁纳西族这种婚制存在的原因很复杂，但其中很重要一条是，它周围的环境对这一行为的宽容态度起了不小的作用。

「土家族」

土家族　现在以湖北、湖南为主要聚居地的土家族，他们的祖先曾是以巴人为主体的民族。早先他们生活在鄂西的清江流域，发展起来后开始向四周扩展，到周代开始在川东建立奴隶制的王国——巴国，与当时的楚人有较多的联系，并有婚姻关系。战国时期，巴国为秦人所灭，但巴这一民族仍然居住在湖北、湖南、四川、贵州的边界地带。他们的族名随着巴国的被灭而有所改变。在汉代他们被称为南郡蛮，有一些也成为五陵蛮、五溪蛮或黔中蛮的一部分。巴人在长期的发展中融合了与之邻近的其他民族，共同构成土家族的先民。大约在宋代以后，开始出现以"土"为名的族称，明清以后，土家族人用汉语自称为"土家"，以区别于迁入的"客家"汉人。

土家族的婚恋风俗大致上可以划分为两个阶段，以清代改土归流为一个界限，在此之前，土家族人的婚恋是比较自由的，而到清朝雍正年间实行改土归流后，由于汉族文化的影响，使本民族传统的自由婚恋的习俗受到冲击，父母之命、媒妁之言的封建条规成为主流。此后，土家族的婚恋

长江流域先民的恋爱之风

习俗与汉族趋同。

改土归流以前，土家族的传统习俗与西南、荆楚地区的其他少数民族大致相同，也多是以情歌为媒，唱山歌恋爱，继而建立自由美好的婚姻。土家族青年喜欢吹木叶，选一种厚薄适度的叶子，放入口中运气，就可以按选定的曲调吹出清脆悦耳的乐曲。男女青年坐到一起谈情说爱时，常常以木叶吹奏动听的曲子来代替热烈的情话，正像土家族的一首歌里唱到的："大山木叶打成堆，只怪小郎不会吹，有朝一日学会了，只用木叶不用媒。"

「土家族的摆手舞」

土家族还有一种本民族的摆手舞，是从汉朝著名的"巴渝舞"发展而来的。今天土家族人跳摆手舞时，身披土花被面，手持齐眉棍棒，口唱古歌，翩翩起舞，就是模仿当时巴渝舞。正月里是跳摆手舞最热烈的时节，每个自然村都设有专门供跳摆手舞用的摆手堂或摆手坝。摆手舞有大摆手舞和小摆手舞两种。大摆手舞以地区为单位，表现的内容丰富多彩，小摆手舞一般以村为单位，形式和内容都简单，人数也少得多。这种形式多样、内容丰富、规模宏大的舞蹈，在其他少数民族中也是少见的。在大型的集体舞跳完之后，已婚男女和小孩就退出场外，只留下未婚男女青年进行小型的且歌且舞的晚会，舞后再唱"风流歌"。通过歌舞，男女青年可以自由选择意中人，情投意合的便互赠礼品。如果恋爱成功，取得土老司的允许后，就可以订婚。

「大摆手舞」

《中华风俗志·湖南志》上记载："湘西苗族，每逢佳节良宵，有跳月之风，童男处女，纷至森林山巅，唱歌跳舞，此唱彼和，至情投意合，虽不相识，可相约订婚。"清代的陆次云编的《洞溪纤志》记载："苗人之婚礼，曰跳月。跳月者，乃春月而跳舞求偶者也。"

苗族 苗族跳月这是苗族最古老的社交活动。相传它起源于母系社会群聚而居的时代，那个时候人们虽然群居一处，但男女之间分洞别居。父母为了让孩子们能有正常的社交活动，便相约在晴朗的日子里让青年男女在一起唱歌跳舞，以便自由选择自己中意的伴侣，后来这就成为专门为青年人自由恋爱举行的一种活动。在跳月时，男女青年可以结对对歌，唱到兴起时往往通宵达旦。唱完后还要坐在一起欢饮玩笑。有意者可以双双离开人群，走进树林，倾诉衷肠，苗族人把这叫做"放野"，这种风俗在苗族地区一直保留到现在。苗语把这种社交活动叫做"昌帕"，意思就是会姑娘。这与古代跳月的意思和目的是相同的。苗族的"昌帕"也有自己的道德规范，它要求青年人对爱情忠贞、纯洁。这是一种成熟的婚姻爱情观，是他们民族的传统。

「云南苗族跳月」

「苗族花山节」

在贵州和云南两省，苗族青年有几种叫做"赶花山"和"游方"的恋爱择偶活动。"赶花山"的时间是农历五月端午和七月属猪日，在威宁龙街的林淋洞有一个极为有名的花场地点，那儿有山有水有平地。在赶花山之日，青年人都盛装前往赴会。小伙子吹起芦笙，姑娘们跳起舞蹈，尽情地展示自己的才能，希望能赢得心爱的人的青睐。有的地方赶花山更有意思，青年人在

「苗族赶花节」

花山场地先放一根花竿，上面挂满彩带，彩带下面放一桶酒。姑娘和小伙子们就围着花竿尽情地唱歌跳舞，还要在人群中穿来穿去，大胆地寻求自己的意中人。如果小伙子看中了哪一位姑娘，就打开小伞把她罩住，唱上两支求爱的歌。姑娘如果看不上他，就拒绝对歌，小伙子便收伞走开。因此，在花山场地人们可以看到一道奇特的景致：一把把的花伞在阳光下闪动，伞下是一对对青春年少的姑娘、小伙。这真是苗家村寨所特有的一道风景线。

「苗族赶花节」

瑶族 至今还居住在荆楚之地的一部分瑶族，他们的婚恋风俗也保留着自己的传统。瑶族实行一夫一妻制，一般都实行族内婚，虽然也有父母之命，媒妁之言，但主要还是自由恋爱。瑶族青年的恋爱也采用对歌的形式进行。《金华乡土调查笔记》（朱祥著）上说："其男女爱慕之情，皆于歌中表示。"他们在婚恋的每一个阶段，都有不同形式的对歌，而恋爱的成功与否，也大多取决于对歌的才能。

青年们恋爱对歌的日子和地点有喜庆节日，有专为恋爱者设的游乐集会，也有他们之间专门约定的晴好日子等。这些集会中有一种是三年或五年才举行一次的盛大集会，称为"耍歌堂"，这是青年们对歌求爱的隆重节日。它一般在农历十月十六日前后举行，历时三到九天。节日前，先要举行庄严的祭祖仪式。祭祖仪式开始后，男女青年们便会集到村外的空场上一展歌喉。对歌由男青年开始，他们在这一轮表演中都尽量展示自己的才华，以博得姑娘们的好感。而姑娘们在这一轮对歌中往往不答唱，只是暗中观察，默默挑选自己的意中人。到了晚上，男女才开始围着篝火对歌。"歌堂"上唱的内容不拘一格，男女青年在一问一答的反复对唱交流中，寻找自己中意的对象。如果哪一位姑娘相中了一位小伙子，

「苗族赶花节」

可以把一条毛巾搭在他的肩上，作为愿意交往的信物。

「瑶族」

在没有节日或者集会的日子，瑶族青年们常常会在月朗星稀的夜晚，自己组织聚会，往往是姑娘们三五成群地到寨口吹箫，小伙子们听到箫声，便拿上牛角悄悄地吹几声，互相吹吹躲躲，寻寻觅觅，来到离寨子很远的地方，开始尽情地吹箫对歌，暗中物色意中人。这种对歌择偶的活动，对方的相貌美丑或家庭门第都成为次要条件，首要的是对方的对歌才能。因此，对于瑶族青年来说，练就一副好嗓子就意味着一桩美满的姻缘。姑娘如果相中了小伙子，就解下自己亲手绣的花腰带相赠，小伙子也可以腰带回赠。有些大胆的姑娘见小伙子迟迟不回赠，就邀上自己的女伴们一起动手去抢，只要能把对方的腰带抢到手，就算双方定情了，不能再与别人恋爱。有的女子看中了某个小伙子，往往等不及交出自己的腰带就先去把对方的腰带抢过来，然后才抛下自己的腰带，表示双方已经定情，随后自己扬长而去。因而瑶山地区有这样一句老话，叫做：可借金银财宝，

「瑶族」

千万别借腰带。在这种交换腰带的习俗中，瑶族女子始终是大胆和主动的一方。

「瑶族的"唱风流"」

瑶族人把青年男女在恋爱中唱的情歌叫做"唱风流"。"唱风流"很讲究文雅与礼貌，一般的对唱都不直接言及爱情，而是采取隐寓对喻的方式，对歌有"唱白"和"唱文"两种。瑶族人民大多数采用"唱文"的唱法，就是用颂读经书的语言而不是说话的语言。瑶家的青年男女往往从小就开始接受对歌的熏陶，在节日或聚会时听大人们口里唱，到自己开始练唱，直到炉火纯青，才比较容易地找到自

长江流域先民的恋爱之风

己满意的伴侣。在对歌中，如果一方邀请，另一方不得拒绝，否则会被人认为是不礼貌。男女青年通过对歌建立了感情，而后交换腰带等信物，就算恋爱成功了，这时他们才通知双方的父母，等待下一步的行动。

瑶族青年还有一种凿壁谈婚的习俗，这是贵州荔波县的青裤瑶青年自由恋爱的形式。这里的父母在自家的女儿长到十六七岁时，就让女儿搬到大门旁边的房内居住，并且在当街的一面墙壁上凿一个小洞，洞口与姑娘的床头一般高，恰巧在姑娘的枕头处，此洞名为"谈婚洞"。如果姑娘被某一个小伙子看中，小伙子就会在夜里来到姑娘的房间外，将一根像铅笔一样粗细的小木棍摸索着伸到洞里，以此为传话筒和姑娘悄声谈话。如果姑娘不理，小伙子只能再选目标，如果姑娘同意谈婚，那么一对青年男女就会在夜色中隔着一堵墙悄悄私语，直到爱情成熟。之后，两人便会在姑娘家的火塘边交换信物，私定终身。此后，姑娘家的这面墙上的洞就会被堵上，这表示姑娘已有了人家。

「瑶族恋爱习俗凿壁谈婚」

「瑶族青年在火塘边交换信物」

在我国的东南部和南部，古代居住着一个分支广大的百越民族，它们与现代的壮族、傣族、黎族、侗族、水族、仫佬族和部分高山族有着密切的族源关系。这些民族中的侗族、壮族和水族，至今仍然部分或大部分居住在长江流域的中游或下游。

侗族 侗族现在居住的地方，春秋战国时属于楚国的巫黔中郡和百越之地，就是现在的贵州和湖南一带，也有一部分在现在的广西。侗族是百越的一个分支，它的前身就是秦汉时的骆越，南北朝之后他们被泛称为

「侗族行歌坐月」

「侗族"行歌坐月"」

"僚"。侗族社会男女的婚恋比较自由，青年男女可以自由交往。每逢节日，农闲或劳动之余，姑娘和小伙子们都可以聚在一起唱歌游玩，用歌声来播种爱情，寻找情侣。他们恋爱的方式主要有"行歌坐月"、"玩山走寨"等。

"行歌坐月"一般在北部侗乡流行，常年都可以举行。当夜幕降临的时候，小伙子们匆匆吃完饭，就带上自制的琵琶或牛腿琴，边弹边唱着邀约的歌，从姑娘们的楼下走过，来到侗寨专设的公房吊脚楼中，也就是"月堂"。等众人都到齐后，行歌坐月就开始了。小伙子们坐在矮凳上，姑娘们坐在长排凳上。男方领唱的人叫做"老叫雀"，女方领唱的人叫做"朵"。它的特点之一就是用唱歌来表达心中的情意。

这些情歌在长期的流传过程中，经过人们的不断创新和修改，已经形成了完整的套路。歌唱者往往根据自己的心情和爱情发展的阶段自由选择吟唱。"行歌坐月"时，双方都不会受到限制，小伙子们可以结交很多女友，走很多"月堂"。姑娘们也可以结交许多前来坐月的男友。经过一段时间的"行歌坐月"，如果双方情投意合，就互相邀约常来常往，使感情不断加深。小伙子还可以邀请远道的情侣到家里做客。方法可以是当面邀请，也可以采取温和的强制手段，如小伙子预先邀集几个要好

「侗族"走寨"」

的伙伴，趁姑娘路过本寨时，把姑娘强邀进家，然后设宴款待，唱歌酬答，然后再放鞭炮送姑娘回家。到了姑娘家，也同样设宴款待，并且两寨之间还有可能因此而结成友好村寨。

"走寨"的交往方式一般流行于南部侗乡，这种活动大多是在与外村

外寨的异性青年一起进行。汉语把这种活动叫做"玩姑娘"。小伙子们往往在晚上的时候，三五成群走街串巷，去与姑娘们唱歌谈心。"玩山"也是北部侗乡的婚恋活动，通常在野外的山坡上进行，他们把这种地方叫做"花园"。小伙子们约姑娘们悄悄到离家十余里以外的山上进行。"玩山"一般都有这样几个过程：初会、请坐、约日子、借把凭、分离、再会、盟誓、成双等。"玩山"时唱的歌围绕着这些程序也就有了丰富的内容。它大致上包括：初会歌、请坐歌、赶坳歌、借把凭歌、约日子歌、陪伴歌、分离歌、相思歌、盟誓歌，等等。这些歌随着感情的深化在不同的阶段来唱，一直唱到双方情浓如火，心心相印，然后山盟海誓，私订终身。

　　侗家的婚恋活动中，女性占有很大的主动权，她们往往表现出独有的大胆和灵活主动。侗家人的长辈大多尊重儿女们的意愿，不横加干涉儿女们的婚事，因此大多数有情人是能成眷属的。如果父母对儿女们的婚事指手画脚，造成青年人的婚姻不能自主，青年人往往采取相约逃婚的行动，以反抗父母的干涉。

> 　　侗家流传极广的《珠郎娘美》（也即秦娘美）的故事，就是叙述一对侗族青年男女，在行歌坐月之夜，"破钱"盟誓，相约逃婚的曲折爱情故事，热情赞美了珠郎和娘美对美好爱情的向往和忠贞。

　　壮族　壮族的大部分住在广西，仅有少数分布在贵州省黔东南苗族侗族自治州和湖南省的江华瑶族自治县。壮族自古以来能歌善舞，他们还有自己特有的婚恋风俗。他们往往在娱乐游戏活动中结识自己中意的人，组成幸福美满的家庭。新中国成立前，壮族也盛行父母之命，媒妁之言的包办婚姻，使几千年流传的自由恋爱风俗受到阻扰。这就是古老的民族传统与近世的封建制度之间产生冲撞的结果。

　　壮族人民有一种很特别的择偶方式，就

「珠郎娘美」

「壮族的"花朝节"」

是抛绣球。这是壮族人民古老的婚嫁风俗，壮语把它叫做"飞砣"。抛绣球一般在赶歌圩的时候进行。歌圩是壮族民间的传统歌咏活动，壮语叫"窝坡"、"欢龙洞"、"欢窝敢"，等等。原意是到野外玩耍，后来发展成以互相酬唱，彼此对歌为主的活动，古代文人名之曰：歌圩。这一活动除了在农历三月三普遍举行外，在壮族独有的传统娱乐节日"花朝节"也举行。节前，姑娘们精心地用花布或绸缎做成绣球，外套粉色丝线网，内装豆粟棉籽等物，重约五两。姑娘们把绣球做成各种不同的形状，有圆形、方形、棱形、鱼形，等等。绣球的上端系一根彩带，下端连着一束一尺多长的彩丝穗子。姑娘们为赢得意中人的青睐，在制作中都尽量显示出自己高超的手工技艺，小伙子们这一天也都准备了自己心爱的礼物。届时男男女女都身着漂亮的服装，从各地汇集到一起，三五成群，互相对歌。

「壮族的歌圩」

传说歌圩起源于唐代歌仙刘三姐，刘三姐的山歌歌颂劳动和爱情，揭露财主的罪恶，表达了人民的心声，她还教会人们唱优美的山歌。后来刘三姐被财主害死，人们便在三月三这一天聚到一起，唱三天三夜的歌，以纪念这一位人民喜爱的歌仙。也有说歌圩是纪念一对很会唱山歌的青年男女，他们因为封建礼教的阻碍而不能结为夫妻，于是便在三月三这一天殉情而死。不管是哪一种传说，总之，壮族人长期以来都把三月三这一天的花街看成为男女自由交往、对歌的一种大型集会。

抛开那些传说或者故事的表面现象来看，歌圩应该是在长期的历史发展中逐渐形成的，它是人们祈祷丰年、休闲娱乐和男女恋爱的一种形式。经过一番对歌的考验后，姑娘会把绣球抛给自己中意的人，如果小伙子也看中了姑娘，就在绣球的飘带上系上赠送的礼物，再抛回去。当喜庆佳节

长江流域先民的恋爱之风

或逢场赶街时，抛绣球成为一道亮丽的风景线。尤其是对歌结束后，男女青年互相抛接绣球，欢声笑语不断，一派热情洋溢的景象。小伙子收到姑娘抛过来的绣球以后，如果他对姑娘有意，便再抛给姑娘一些礼物。姑娘收下小伙子抛过来的礼物后，就可以和小伙子一道离开歌圩，找个僻静的地方去谈心。具有古朴民风的抛绣球活动，现在壮族地区仍然盛行不衰。"依歌择配"往往不是一次歌圩就可以完成的，一对恋人要通过几次歌圩的对歌，加深了解，再经过多次单独交往，才会订下"白头之盟"。如果小伙子无意于对方，不赠送礼物抛回绣球就行了。

「壮族的三月三」

水族 现在居住在贵州东南地区的水族，新中国成立前，受封建制度的影响，婚姻大权都掌握在父母手中，青年人没有决定自己婚姻的权力。但由于水族还没有完全形成封建式的文化，所以本民族曾有过的婚姻自由的习俗仍然保留了下来。青年男女虽没有选择婚姻的权力，但却有谈情说爱的自由，包办的程序也与封建制度下的婚姻有别，婚姻的第一步还是自由恋爱，水语称为"都爱"。

「水族的打手毽」

水族交友恋爱的习俗也别具一格，富有情趣。他们利用一些娱乐集会活动来结交异性，努力争取最大程度的婚姻自主。他们喜欢的游戏中有一种叫做打手毽。每逢春节，水族青年就聚到一起，一边打手毽，一边对歌。手毽是用雉尾和公鸡毛一起绑扎，根部缝一个小沙袋或米袋。水族的村寨大多数是由有共同血缘关系的血族团体组成，因此男青年都必须到别的寨子里去串游。节日到来时姑娘们三五成群的在村头寨尾，等待着外乡青年来打毽

「水族的打手毽」

对歌。打毽时男女分成两行，相隔两三米对阵抛毽，姑娘如果看中其中一个，就把毽子抛向他，如果对方也愿意，就互相对抛。在来回抛打的过程中，互相询问身世和对歌。如果彼此愿意深入了解对方，随时可以到僻静的地方去谈心。此后双方认为合意，就可以继续交往，直到谈婚论嫁时，男方才请媒人去女家提亲。

  由于水族父母包办婚姻的存在，因此水族青年逃婚的现象时有发生。他们逃婚的方式是双双离开父母家，在本寨或者其他地方另盖房子，自行举行婚礼。这种婚姻在水族人民中往往能受到社会的支持和赞扬，认为他们忠贞爱情。还有一种逃婚的情况，主要表现在女子方面。如果女子在包办的情况下被迫订了婚，但最终反悔，便可以逃到较远的地方又与别人结婚，社会对此也予以承认。水族的这些风俗现象都说明，虽然在封建制度的影响下，他们原来的婚恋习俗受到了强行的限制和改变，但是植根于群众中的传统习俗，却不是可以用人为的方式轻易去掉的，它时时处处都以顽强的生命力显现出来。

礼制的兴起及对婚恋的禁锢

我国是一个以道德礼仪为重的国家,从奴隶社会末期到封建社会末期,礼制一直统治着人们的思想、言论和行动。因此,颇具民事关系特征的婚姻,就纳入了礼制管理的轨道,直到汉代以后才出现关于婚姻的法律条文。

最初的婚姻法规及礼仪

汉族从什么时候开始出现礼，礼出现的条件是什么，它对婚姻起到一种什么样的作用，这是我们在讲到婚姻礼俗问题时不能回避的。在这里，我们粗略地进行一下回溯。

在人类的童年时期，人们还处在血缘群婚的阶段，但他们对于生育已经有了一些朦胧的认识，在各民族的历史上都有这样的故事流传。

汉族的传说是这样的：在远古时期，人类因触怒了天帝，天帝便下令让风伯雨师呼狂风唤暴雨毁灭人间，霎时间洪水铺天盖地而来。人类遭到了灭顶之灾，生灵覆灭殆尽。有一位天神目睹人类善良的伏羲女娲兄妹，也将无过而遭祸，便动了恻隐之心，送给他们一只篮子，让他们坐在篮子中躲过了这场灾难。洪荒过后，大地上只剩下俩兄妹，如不成婚人类就将绝迹。在万般无奈中，兄妹俩选择了听从上天的安排，方法是两人赛跑，女娲在前跑，伏羲在后追，如果能追上就做夫妻，追不上就只好继续做兄妹了。决定好了以后，女娲就在前面使劲地围着山跑了起来。眼看着就要让女娲跑掉了，这时，有一只乌龟爬过来告诉伏羲，在距离拉得很远时就反过来跑，于是伏羲按乌龟说的去做了，果然一下子就让女娲撞到自己的怀里。但女娲还是不愿意，提出要再试一次神的旨意，伏羲只好照办。两人决定从山顶上向下滚磨盘，如果两块磨盘碰到一起了，就证明结婚是神的旨意。结果两块磨盘分别从高高的山上滚下来，恰好合在了一起，女娲这时无话可说只好做了哥哥的妻子。

这个故事说明了当时人对生育的秘密已有了一定的认识，就是必须有两性的结合，也说明人类曾经存在过血缘婚。后世的人们出于对婚姻的道德观和对远古时期的血缘婚的羞耻感，给远古时代的兄妹婚加上迫不得已的说法，这大致就是人类对婚姻认识的一个阶段，也是婚姻中的"礼"产生的社会心理基础。人们在长期的生活中还观察到近亲婚配对后代产生的危害，基于对人类进化的认识，也产生了对婚姻进行一定限制的想法。这是"礼"产生的生理基础。随着生产力的发展，贫富分化加剧，私有制出现了，拥有大量财富的氏族首领和富有者，要求能够确认属于自己的后

礼制的兴起及对婚恋的禁锢

代，以把财富传给子孙，同时对异性的永久占有也使他们要求婚姻能固定下来。这是婚姻之"礼"产生的社会基础。还有就是人的社会属性的日益增强，使得人们对性伙伴的选择标准提高了，选择范围缩小了，出现相对固定的要求，男女相配的感情色彩增强。这时，适合于封建时代要求的各种礼法都已经出现，因此婚姻礼法也应运而生。

> 中国的婚姻制度为什么是由"礼"而不是由法来决定，这与古代我国的礼兼具道德规范和法律规范两重作用有关。

由于礼教的出现，男女之间的自由交往开始受到约束。从春秋开始，女子保持贞节似乎成为一种时尚。春秋战国时期有关女子保持贞节的记载逐渐增加。但是，这种时尚却不是大多数人所乐意接受的。不管是统治者的大力宣传或强力推行，还是某些妇女为追求时尚而禁锢自己，从实际情况来看，这时候的礼教并没有在民众中形成很大的市场，它还没有成为社会观念的主流，浪漫的婚恋之情仍然留存在人们头脑之中。这时候的婚恋特征是浪漫之情与礼教之法并存，而长江流域也不乏追赶时尚之人。

春秋时期某些礼仪法规在长江流域就已经开始流行，尤其为上层社会所接受。但是在这一时期在长江流域的主要国家——楚国，那里的的王公贵族们却是口里说得多，实际实行得少。春秋早期在楚文王身上发生的一件事足以说明这一点。当时地处楚国北部的小国陈国，其国君有两个女儿，大女儿嫁到蔡国，小女儿名息妫，后来许给息侯为妻。在出嫁途中，经过蔡国，蔡哀侯听说息妫美貌过人，便以其姐的名义，设宴招待息妫，以便一睹芳容。一见之下，息妫的美貌使蔡哀侯大为惊叹，情不自禁言行挑逗。左右随从看在眼里，回国后便把这一情况向息侯报告了。息侯闻听此言自然大怒，但以自己的力量又难以打败蔡国，于是便请求楚国去攻打蔡国。而蔡国的国君为了本国的利益，便大动脑筋，蔡哀侯在被楚国打败俘到楚国之后，利用楚文王好色的本性，在楚文王面前大肆宣扬息侯的夫人长得如何美貌，文王被诱惑得心动，顾不得讲究信誉礼仪，放弃了对蔡国的讨伐，立即跑到息国去了。楚文王到了息国，不顾大国的身份，设享礼招待息侯这个小国之君。当目睹了息夫人的美貌之后，便趁席间酣畅饮酒之际杀掉了息侯，并把息夫人带回楚国，娶为妻。而息妫经此变故，心情颇为灰黯，尽管文王对她恩宠有加，仍然少言寡欢。文王追问再三，她只是说我一个女子嫁了两个丈夫，纵然不能死去，又还怎么笑得起来呢？从表面上看，息妫颇注重贞洁，实际上还有更重要的原因，那就是：息妫痛恨楚国灭掉了息国，而自己又无法为夫君报仇，因而郁郁寡欢。文王了解到真实的情况后，便把她不高兴的原因算在蔡国身上，为讨她的欢心，便又去为她讨伐蔡国，还把她的儿子立为太子，想尽办法博得她的欢心。这一件事说明当时的楚国在男女关系上，礼仪规范还没有被重视，对女子的再婚看得并不重要。

到春秋中期，楚国虽有了礼仪的观念，但还停留在口头上。这在当时的楚庄王身上反映得很明显。庄王是一位颇有开拓精神的国君，为了楚国发展的需要，逐步接受周朝的礼仪规范，并说了不少关于周礼的好话，比如：君子要笃于礼而薄于利等，但是他并没有认真照着做。有一次他在宫里大宴群臣，其美丽的妾也在一旁侍酒。下属们酒喝到兴浓时，突然大厅里的灯被一阵大风吹灭，有一位微醉的官员，趁黑暗用手拉扯庄王爱妾的衣服，王妾随手扯下了这个人帽子上的缨带，并要庄王赶紧把灯点起来，追查那位掉了缨带的官员。王妾满以为楚王会照她的话去做，哪知道庄王却说："我赏赐酒给我的官员喝，酒喝多了谁都会有失礼的行为，你总不能让我为保留你的面子而去侮辱我的将士吧？"说完他对全厅的所有官员们说："今天请大家来喝酒，就是要让你们痛痛快快地喝个够，每个人都给我把帽子摘下来，谁不摘就是没有尽兴。"大家都不了解个中的原因，便都摘下头上的帽子。只有那扯掉王妾衣服的人心中明白。若干年后，这个人成为给庄王第二次生命的救命恩人。这件事表明，在楚国对妇女已经有了某些礼仪方面的要求，有些上层社会的妇女也以保持自己的贞操为时尚。但是，在楚王心目中，

「楚庄王绝缨之会」

礼制的兴起及对婚恋的禁锢

一个将帅或一个官员的作用要比一个爱妾的名声重要得多。在一个以男子为主体的社会中，如果男子不注重女子的贞操，那么，女子的贞操基本上就没有任何的实际意义了。

屈原在楚辞中曾真实地唱道："苟中情其好修兮，又何必用夫行媒？"一方面当时的婚恋还有着相当的自由，另一方面当时的礼仪对自由恋爱已形成这样一种看法："不待父母之命，媒妁之言，钻穴隙相窥，逾墙相从，则父母、国人皆贱之。"已经将自由恋爱等同于轻薄偷情。从春秋到战国时期，男女之间的礼仪大防已经成为统治者宣传的道德观念，所以对妇女贞操的要求开始加强了。

春秋末期地处长江下游的吴国也开始流行女子守节的风气，民间也受此风气影响。楚国大夫伍子胥出逃吴国的路上，历尽艰难，风餐露宿，甚或靠要饭活命。有一天他又累又饿，正好在一个无人之处碰到一个浣纱的女子，于是便停下来向她打招呼道："夫人，能把您的饭给我吃两口吗？"女子答道："我与母亲独居，现年已三十，尚未出嫁，我的饭是不给陌生的人吃的。"说完转身便不理他了。伍子胥已经饿得快走不动了，便又一次向这个女子乞求说道："我只需要您的一点点饭就可以活下来，这点好事您难道也不愿意做吗？"听到这话，女子便把自己的饭拿过来，还跪在地上为他添饭盛汤，一直到看着他吃完。伍子胥吃完饭后说谢过这个女子，起身上路。过一会他回头看时，这个女子已经纵身跳到河里自尽了。看到这一幕，伍子胥为这个女子唏嘘感叹不已：真是个严守节操的女子啊！

日益严格的男女之大防

春秋战国之后，周礼在各个诸侯国普遍得到强化，统治者把宣扬礼仪教化作为执政的一项经常的事务。一时间，礼仪法规好像成为人们婚恋道德观的标准。但人们追求自由的本性也并未完全泯灭，不管保持贞操的观念多么时髦，但人类为自己而生存的目的，却不是一般的力量所能摇撼的，除非有高压的政策和长久的精神灌输。即便如此，也总有人反抗，挣脱一切束缚，向着自由飞跑。接下来我们会看到在几千年的礼教统治下，有许许多多曾被统治者宣扬的模范典型，但也发现那些被埋没在一片咒骂声中的所谓伤风败俗的典型,几千年后我们再来仔细地审视一下,这些反面的典型却几乎都闪烁着永恒的人性之光,成为封建黑暗年代的一丝难得的亮光。

秦始皇即位后,就把改变风俗作为朝廷的一项重要事务。他在吞并六国后,巡视各地,在会稽郡,他立下一块碑,上面有"有子不嫁,倍死不贞;防隔内外,禁止淫佚,男女洁诚。"这样的字句。在泰山刻石上他写有"男女礼顺,慎尊职事,昭隔内外,靡不清净。"他还开创以朝廷的名义表彰寡妇的先例。汉朝仍然致力于以周礼教化民众。西汉宣帝时下诏赐贞妇顺女帛,东汉安帝下诏表彰贞节妇女,用这种方法来鼓励和诱惑妇女遵守礼教之法。在这种统治方式的示范和诱导下,地方官也纷纷效法,以周礼来约束民众。

「卓文君听琴」

即使是在这样一种已经形成风气的强大氛围下,敢于无视传统,追求自由的恋爱仍然存在。西汉时期,四川蜀地有一位名叫卓文君的女子,是当时敢于大胆反叛传统的著名人物。卓文君是当时蜀郡临邛大富商卓王孙的女儿,长得十分美貌,但十七岁那年丈夫不幸去世,她孀居于娘家。有一天,卓王孙在家里大宴宾客,并特地请来当时一位颇有才学的男子司马相如。司马相如满腹经伦,才华横溢,气度不凡。当酒酣耳热之际,临邛令邀请司马相如弹曲助兴,一曲终了,赢得满堂喝采。曲间司马相如听说卓王孙的女儿喜欢音乐,特意弹奏出富有情感的曲子,以琴挑动其心。卓文君在屋内听得真真切切,并从窗户里看到司马相如一表人才,不禁顿生好感。司马相如也是一位风流倜傥的人物,因而当宴会散后,便命自己的仆人送重礼给卓文君的仆人,以博得卓文君的好感。

这一举动正中卓文君下怀,当夜卓文君就两手空空地从家中逃出,直奔司马相如处,两人连夜逃奔成都司马相如的家乡。卓王孙得知女儿和相如私奔,气得大骂。司马相如家徒四壁,两人无以为生。为了爱情,他们在临邛临街的地方开了一个小饭铺,卓文君系上围腰站在柜台旁当街卖酒,司马相如则像个小伙计端盘子扫地。一个是富商家的千金小姐,一个是旷世的文豪,为了爱情竟然成了穷苦的小生意人。

历代对他们的这一惊世骇俗的自由恋爱之举都有不尽的褒贬,但在今天看来,卓文君的举动是令人钦佩的,她敢于无视统治者大力提倡的礼教法规,大胆争取自己幸福的权利,让束缚妇女的礼教法规在她那里失去效力。元朝戏曲作家王实甫写的《西厢记》,是描写男女自由恋爱

「卓文君与司马相如当垆卖酒」

的一出名戏。戏中塑造了一位敢于大胆冲破封建礼教束缚的深闺小姐崔莺莺,与赴京赶考的书生张珙的一段自由恋爱的曲折故事。

虽然以老夫人为代表的封建势力极力阻挠,但两个青年人最终还是结成了百年之好。戏中反映出当时的青年男女,尤其是青年女子对美好爱情的热烈向往和大胆追求,是对封建专制时代礼教的勇敢冲击,反映出当时反封建的一股社会思想潮。

「西厢记」

> 明朝戏曲家汤显祖更是写出了令封建统治者大伤脑筋的反封建戏曲《牡丹亭》,他描写封建时代青年男女违背封建的礼教法规大胆自由恋爱的故事。《牡丹亭》这一出戏深刻地塑造了杜丽娘这一反封建的女性形象,她生前梦寐以求自己理想的夫君,死后变成鬼还锲而不舍追寻自己生前的意中人,最终圆了自己的爱情梦。

王实甫的《西厢记》与汤显祖的《牡丹亭》集中塑造了现实生活中青年男女反封建的事例,反映那个时代女性对幸福婚姻的追求。

曹雪芹《红楼梦》中的林黛玉,就曾对《牡丹亭》爱不释手,对书中杜丽娘的唱词出口能颂,她与宝玉两人争相诵读,心灵相通。封建时代

的青年男女尽管在吃人礼教的重压下，仍然热烈追求着自由幸福的美好爱情。这些都是封建时代具有叛逆思想的男女青年中所闪现的人性之光。这种思想在各个时代表现虽有所不同，但归根到底在封建的专制时代，它都只是一种微弱的反抗。直到近世反帝反封建浪潮的兴起，才能够公开地向礼教发起猛烈攻击，男女之间的爱情也才得到社会的公认，并取得合法的地位。这离礼教的兴起已经隔了几千年之久，时间真是太长了！

清代的婚律有很多地方是照抄明代的。建立清朝的满族人在入关之前，还保留着许多较原始的婚俗，但是入关以后，清朝统治者接受了不少汉族人的礼法与习俗，也制定了与汉民族的法律相通的新的婚姻法规。

清朝后期爆发的太平天国运动，有一套完整的反对封建礼制传统的思想，在婚姻法规和婚姻制度方面，它规定：凡天下婚姻不论财，婚娶所用，取之于国库。还颁布了许多禁止纳妾、禁止买卖奴婢和取缔娼妓的命令，并且还明文告示：一夫一妇，理所宜然。同时在婚仪上取消了过去的繁文缛节，代之以简单的宗教仪式，"一切旧时歪例尽除"，由政府发给结婚证书之类的执照。这些措施是对在中国盛行几千年的制度与礼俗方面的大革命，它的中心内容应该是男女平等和破除买卖婚姻。它标志着太平天国妇女与封建制度下的妇女在地位上有了根本的区别，她们与男子有同等的社会地位和劳动机会，因而，她们实际上是处于解放的地位。当然，太平天国对妇女的解放还不是彻底的，同时这种政策的实施也没有一以贯之，这是阶级和时代的局限性使然。

父母之命与媒妁之言

当春秋时期自由恋爱的风气仍然盛行时，媒妁婚就已经开始随着周代礼仪步伐走进社会生活中，并逐渐成为中国婚姻的主要模式。其实媒妁的兴起在中国比较早，它经历了一个较长的阶段，其间有着比较大的变化，早期的媒妁与后来封建时代的媒妁之婚有着较多的不同。

按照古代媒妁婚的发展情况来看，可以大致上分为三种类型，一种是利用媒妁来传递婚姻当事人的信息，表达婚姻当事人无法表达的意思，这种媒人只起到婚姻当事人的传声筒的作用，他的作用往往是被动的，而且他的存在仅仅局限在礼教兴起之前。第二种媒人是代表婚姻当事人父母的意愿从中周旋，但他本人在其中要起到比较主动的作用，不管双方的实际情况如何，他为了得到自己的一份利益，都要尽其所能把婚事促成。这种媒人大部分都是带有功利性质或者以此为生的。第三种媒人是所谓官媒，就是具有官员身份的人为老百姓充当媒人的角色。这种媒人一般都比较少，往往只在特定的时期出现。

第一种身份的媒人起源比较早，在古代的楚国就曾经存在过，屈原的楚辞中就有这种身份的人。《离骚》中写道："望瑶台之偃蹇兮，见有娀之佚女，吾令鸩为媒兮，鸩告余以不好。雄鸠之鸣逝兮，余犹恶其佻巧。心犹豫而狐疑兮，欲自适而不可。"这几句诗的意思是，楚国的男子看中了一个女子必须要请媒人帮忙，屈原把鸩和鸠这样的鸟比作可以充当媒人的鸟，这种媒人就是当时特有的仅只充当信使的角色，为当事人传递信息。《离骚》中还有这样的句子，说媒人言语比较笨拙，因此当事人担心他（她）担当不了这个传递信息的角色。有些少数民族在自由恋爱的过程中，也会有这样一些媒人出面。而在几千年的封建社会中，大多数说合婚姻之事的媒人都是由第二种身份的人担当的。

「离骚」

官媒的作用，即《周礼·地官·媒氏》上对媒妁下的定义是："媒氏，掌万民之判，凡男女自成名以上，皆书年月日名焉。令男三十而娶，女二十而嫁，凡娶判妻入子者，皆书之。"即对所有的男女的婚姻大事都要登记进行管理。如何管理呢？周礼规定，首先是让那些青年男女在规定的时间内自己去找伴侣，"仲春之月，令会男女，于是时也，奔者不禁。若无故不用令者，罚之。"媒氏在这里的作用是只管登记，而不管具体的牵线。只有对于那些没有在规定的时间内去与异性相会的人，媒氏才为他们举办一些相应的活动，为他们提供相会的环境。"司男女之无夫家者而会之。"周礼的这种规定可以看出几个问题：一是管理男女婚姻之事的媒氏，是由官府担当的，它不具有私人性质；二是媒氏的职责首先是登记未婚男女的姓名，也给他们自己自由恋爱的机会；最后一种作用，才是为男女之间牵线搭桥。而这种牵线搭桥与后世的媒妁也不同，它不带有功利的性质，只是国家为了给未婚者成家创造一种条件，目的是增加人口。由此可见，媒氏的作用基本上是管理着整个婚姻，而不仅仅限于为男女牵线，这与后世的媒妁之言有很大的区别。

后世某些地区在特定情况下，也有官媒的存在，但与周礼中所规定的官媒有所不同。这时的官媒，是由政府设置官方媒人，他们负责在特殊情况下为男子寻找配偶。如吴越地区，有些贫穷人家的男子没有钱成婚，地方官便筹集资金，为他们寻找对象成婚。也有一些长期戍边的卫士，官府为了他们能安心在边境，也会想办法为他们找到一个成婚的对象。

在春秋及其以前时期，婚姻中的媒妁之言大多数只是婚姻联结的形式之一，而不是联姻形式的全部。媒妁婚在实际生活中的大量实行，应该是在周秦以后，而比较具体清楚的规定也应该是在这个时候。如在早期的文学作品《诗经》中，关于媒妁婚的句子比较多见，如："艺麻如之何，衡从其亩；娶妻如之何，必告父母。""析薪如之何，匪斧不克；娶妻如之何，匪媒不得。"这是关于媒妁之言的诗句，但关于自由恋爱的诗句就更加多一些，前面已有引用，此不赘述。当时的媒妁婚还有一个特点，即很多时候只是一种形式，还没有成为必经的过程。很多自由恋爱而相识的男女，当确定婚姻大事时，就请媒妁之人到家长那里去一下，这应该是自由婚姻向媒妁婚姻过渡的一个阶段。

《礼记·曲礼》上对媒妁加之于婚姻中的作用开始规定得严格起来："男女非有行媒，不相知名。"这是把男女之间的交往完全隔断，使婚姻只能由媒氏来联系。这是中国婚姻中的媒妁之言成为至关重要一环的开始。《孟子·滕文公章句下》说："不待父母之命，媒妁之言，钻穴隙相窥，逾墙相从，则父母国人皆贱之。"孟子对于那些自由结合的婚姻持鄙视的态度，认为只有媒妁婚才是正式的婚姻，这样就从理论上为封建社会的媒妁婚姻奠定了一个基础。《战国策》中甚至还出现了这样的话"处女无媒，老且不嫁。"这些当时的材料表明，媒妁之言已经成为当时缔结婚

礼制的兴起及对婚恋的禁锢

姻的一项必要条件。到了后世，在整个汉民族中，媒妁之言几乎成了婚姻成败的关键。

到唐代，人们编出一些故事为媒妁之言罩上一层美妙的光环，"月老牵红绳"的故事就是表现这种宿命论的婚姻观。唐朝李复言在《续幽怪录》中讲了一个"定婚店"的故事，杜陵地方上有一个名叫韦固的人，父母早丧，婚事一直不顺心。一日见一老者在庙门口翻检一本完全不认得的书，韦固感到十分奇怪，便上前询问是何书，老者说这是一本管天下婚姻的书，韦固便向他请教自己的婚事将如何。老者告知，他命中的女子现年三岁，一直要等到她十七岁时，才能与他结婚。并告知他此女现住在何处，与何人在一起，并说自己袋中的红绳就是用来牵世间的男女之脚，如若被系在一起，无论什么也不能将他们分开。韦固让老者带着他，找到一个菜市场，看到的是一个独眼的婆婆抱着一个流着鼻涕的黄毛女子坐在市井中卖菜。韦固不相信自己今生的命运就与这个瞎妇人的丑女儿联在一起，于是便要杀了这一老一小，老者赶忙拦住他，说：此人当食天禄，因有做官的儿子而受封。但韦固不听，指使仆人手拿剪刀到集市上去杀这个小儿。仆人慌乱中只刺中了小女的眉心就跑回来。以后韦固多次婚事都未成功。十四年后，刺史将自己的女儿嫁给了他。这个年方十七岁的女子什么都好，就是在眉心中常常贴着一片花子。韦固感到十分奇怪，便问原因，才知是自己十四年前的派人刺杀的小女子。该女子小时为乳母所养，乳母常在一个客店门前卖菜，后来她随做刺史的叔父一道生活。韦固听后大吃一惊，感到姻缘真是前生注定，果真应了老者的话。后世的人便把韦固曾住过的客店叫做"定婚店"。而婚姻由月老牵线做媒的说法，也一代代地传了下来，直到今天们仍然把媒人称作月老。这种婚姻由月老牵线而成的观点，是一种劝导人们听从于命运安排的愚民观，尤其是在封建理教的传统下，它是教导人们服从于父母之命和媒

「月老」

妁之言的舆论误导。这与后世的人们追求自由恋爱，或者有时相信婚姻的可遇而不可求的理论是完全不同的。

　　后世长江流域地区的婚姻，基本上流行着媒妁婚的习俗。它的特点大致上是这样的：首先，媒人是由个人担当，而不是官府出面；第二，媒人的主要作用是为互相不来往的男女牵线介绍，而联系的对象不是婚姻当事人，而是他们的家长；第三，媒人的主要目的不是为男女双方组成家庭，而是为了自身经济利益的需要。第四，担任媒人的人主要以女性为主。这与先秦时期流行的周礼所规定的媒妁婚有很大的区别。同时由于历史的变迁，各地区的习俗都有一些具体的特征，这些媒妁婚习俗更多打上了当时政治、经济、地域文化的烙印。

　　后世的媒人说媒大致上有这样几个过程，一是相人家，二是下定，三是过礼，一直到选吉日和亲迎，这几个过程都必须由媒人在其中穿针引线。但媒人的作用主要体现在前三个过程中。

　　媒人角色的重要性，在湖北的民风民俗中可以找到不少实例。湖北人有一句俗话是这样说的"天上无云不下雨，地上无媒不成亲。"在鄂东北一带媒人被称为"红爷"，"红爷"实为"红叶"的谐音。传说古代有一对青年男女在小河旁私订了终身，但又苦于无人做媒，恰好这时水中漂来一片红叶，于是两人就决定以红叶为媒，结成眷属。后人有感于红叶的功劳，就把红叶称为媒人，又改红叶为"红爷"。这当然只是一种附会性的传说，但反映出人们观念上对媒人作用的重视。

　　媒人在婚姻中起着介绍双方家庭境况、双方的人品相貌的传声筒作用，因此媒人嘴里说出来的话常常具有举足轻重的意义。打算选择联姻对象的人家为了保证事实的可靠性，常常有"择亲不如择媒"之说。而且旧式的婚姻一向以明媒正娶为荣耀，因此对于三媒六证的形式格外的讲究。三媒有各地有不同的说法，湖北谷城一带，以天、地、人为三媒，以斗、秤、尺、剪、算盘、蜡烛为六证。"斗"意为白米千担，"秤"指黄金万两，"尺"意为布匹百丈，"剪刀"象征心灵手巧，"算盘"意为钱财满贯，"蜡烛"寓意圆月照新房。鄂东黄石地区以坐媒、主媒、跑媒为三媒，六证是三媒加上男女双方中的三位尊长。总之，三媒六证的意义都是为了显示出婚姻的合法性。

礼制的兴起及对婚恋的禁锢

媒人在婚姻缔结过程中的重要作用，还可以从婚姻双方对待媒人的态度上清楚地显示出来。一般人家请媒人说和婚姻，都要付出不小的代价，在安徽地区对媒人的雅称是"媒八嘴"。意思是婚姻的缔结一般要经过八个阶段，每一道程序都要媒人从中牵线联络，而每一次的媒介，男女两家都得要设酒席请媒人吃喝一顿，这样经过八次吃喝，婚姻的程序才算大致完成，媒人也因而得此雅号。

浙江杭州地区请媒人是在双方合过八字之后，再举行最隆重的礼仪，其中的一道礼仪是请吃鸡。民间俗语有媒人要吃十三只半鸡之说，实际上可能不会有这么多，这与媒八嘴之说意思也大致相同。如果男女双方在议婚时发生争吵，俗语就戏称为"鸡骨头儿卡喉咙"，意思也是说因为议婚时吃了鸡，所以才会有鸡骨头卡喉咙事的发生。在四川地区的仪式相对来说要简单一些，媒人也没有那么多的吃喝机会，男家只在婚姻已告成功，即将正式举行婚礼的前一天，才办一桌花烛酒或者花夜酒答谢媒人，并请亲友等人前来作陪，这叫作"启媒"。

江苏地区的说媒习俗是，如果男女两家要结亲，首先是由男家找一个说媒者，到相中的女子家中去，介绍男家的情况，再将女子的年庚要来。如果双方觉得年貌相当，门当户对，条件符合自己的心意，女家就托媒人到男家说定聘礼聘金的数量。双方合婚后，男女家再进行传红的程序。进行这一道程序时，女家要郑重其事地请媒人来，这叫做"大宾"，也叫做"拜主亲"，这时女家要盛筵款待媒人。当地的俗话说"说媒说媒，三十六回。一箸有不到，嘴巴子（指掌嘴）垒垒。" 意思是对媒人如有招待不周之处，就会给人打耳光，实际上可能是指受到舆论的谴责。这是当地说媒风俗中的一个重要特征。因此，民间认为媒人都是饕餮之徒，只要嘴巴能够得到满足，则乐此不疲也。

云南僻处西南，山道崎岖，交通不便，因此尽管仍属于封建统治之下，但此地的风俗与内地相比，有较多的本地特色。云南的婚俗大致有六个程序，第一相人家，第二下定，第三过礼，第四亲迎，第五回门，第六满月。从相人家开始，就表明婚姻是完全由父母或族中的长辈主持，族中的长辈担当着媒人的角色。男女长到十六七岁时，父母就要开始为他们择媳相婿。择配标准大致有这样几条：一是门第相当，二是财产相当，三是宗教相同，四是家庭无劣迹，五是男女八字不克冲。这五条中，最后一条最重要。

湖南也是盛行父母之命与媒妁之言的地区，过去女子完全没有对自己终身大事的发言权，因而女子对自己的婚姻的不满而引起对媒人的怨恨，这一心情通过姑娘出嫁时的哭嫁充分地表现出来。湖南桂阳县的姑娘出嫁时有"哭娘"和"骂媒"的习俗，哭娘时，姑娘要埋怨父母生了个"死女"，表示自己宁愿去"填茅坑"，也不甘心嫁到男家去。当男方的花轿抬到家门前时，姑娘又开始了"骂媒"，口里不停地骂着媒人"喊你媒人啊，恨死你啊，花言巧语啊，害死人啊，今日做媒啊，明日不得好死啊"，而媒人对新娘的骂声可以充耳不闻。

「骂媒」

出现这种矛盾的现象是因为新娘与她的父母之间对于媒人有着两种完全不同的观点。旧式的婚姻一般都要靠媒人牵线搭桥，作为主持婚姻大事的父母，只有依靠媒人才能为儿女找到一门亲事，所以他们对媒人是报感激的态度；而婚姻当事人对媒人不了解双方的情况，在中间说许多不符合实际的假话，竭力地促成一门婚事，使他们终身不得幸福，因而对媒人是满腔的怨气。但是他们在婚姻当中没有说话的权力，所以只能在婚礼的这一天借哭娘来发泄对媒人的怨气。这是中国封建的媒妁式婚姻中，婚姻当事人的可怜，父母的可悲，媒人的可鄙之状。

20世纪的30年代，在上海知识阶层中出现了一些带有现代意义的新的婚恋风俗，比如一定程度上的自由恋爱，在议婚之前，用相亲的方式让男女双方见面、选择，虽然最终的决定权仍然在父母手里。传统的婚礼习俗也有所改变，婚礼采用集体举行、旅行结婚，等等，废除了一些陈规陋俗，在一定程度上简化了婚礼的程序。但是旧的习俗并没

「上海的新式婚礼」

有完全废除，新式的文明婚礼与旧式的传统婚礼同步并行，呈现出新旧并存和新旧交融的特征。

长江流域的少数民族中也有请媒人提亲的习俗，有一些习俗只是取一种象征意义。比如湖南湘西土家族的民俗是：媒人到男女双方家中去议婚时，无论天雨天晴，每次都要随身带一把伞，作为婚事成败与否的象征。第一次去女方家时要将伞撑开倒立在门外，女家如果把伞顺起来，就表示不拒绝这门婚事，反之则表示谢绝；第二次登门伞照旧摆放，女家如果把伞拿到堂屋门边放着，表明亲事已经征得初步同意；第三次登门伞依然照旧摆放，女家如果把伞拿到姑娘的房中去摆放时，就表明这门亲事

「土家族婚恋带伞的习俗」

已经获得通过。至此，这把伞的作用还未完全结束。到迎亲时，媒人除了要持伞同行外，还要从新郎家中拿把伞放在新娘的轿子内。直到今天，姑娘出嫁不兴坐轿了，新娘仍然习惯性地带着一把伞。当新娘的哥哥或弟弟把她从车上背下来时，媒人必须马上把伞撑开，罩住新娘的头，一直到背入男方家里。这种习俗的意义据说是取伞是圆形，可以象征团圆，同时用伞遮头也有部分汉族地区以红布遮头以避煞遮邪之意。

布依族媒人说亲的象征意义是这样表现的：当男家请媒人去女家提亲时，要托媒人带去些礼物，如糖和酒等。如果女方的父母当着媒人的面用了男方带去的糖和酒时，就表示女方家同意了这门亲事，女方家在媒人走时也要托媒人带给男方家两只红蛋，作为回答的凭证，

「布依族的提亲」

这在当地叫作"吃走路糖"。这种象征意义的习俗，是中国婚俗中一种比较含蓄的表达方法，因为婚姻的缔结是一件双方都比较敏感的事情，稍有不慎，就可能会丢失自己的面子，所以双方都会谨慎地等待对方的态度，

同时用婚姻中的各种现成物品作道具来含蓄地表示自己的态度，造成一种进退有路的局面，因此成为人们常用的一种方法，久而久之，就形成为一种风俗。

媒妁婚是中国古代婚姻的主要特征，媒妁婚中包括父母之命和媒妁之言，父母之命是媒妁婚的根本，媒妁之言则是工具。父母之命是古代婚姻赖以确立的决定性因素，这是封建统治赋予父母对子女婚姻的一种特殊的权力。媒妁之言的背后，实际上是父母之命在起着重要的作用。

旧式的婚姻中父母所具有的权威是至高无上的。婚姻中的父母之命，在媒妁兴起的初期还没有起主导作用，后来随着周代礼仪的进一步推行，逐渐成为婚姻中一条重要的规则。自商周时期起，父母之命就开始在婚姻中发挥作用，此后封建统治者就把父母之命当作合法婚姻在法律上予以规定。

> 在周代的重要礼仪书籍《礼记·曲礼》中，有这样一段话：婚姻者，结两姓之好，上以事宗庙，下以继后世。说明婚姻是两家之间的行为，缔结婚姻首先是家庭传宗接代的需要，合二姓之好的目的只是为了对上继承祖宗的香火，对下延续本家族的血脉。

在这种观念下，婚姻当事人不过是对上和对下联结世系的一个桥梁，是一个缔结婚姻以延续后代的载体。所以他们本人没有权利对婚姻发表任何意见。在这种观念下，子女如果对自己的婚姻表示不同意见，就被认为是不合礼法，所以只有听任父母对婚姻的安排。

对女子来说，结婚意味着父母为她找一个归宿，也就是为成年以后找一个家，所以听任父母的安排是理所当然的，对男子来说，结婚是为家庭的传宗接代，尤其凸显出家庭的重要性，因此，在父系家长制的家庭中，婚姻由父母做主也是必然的。

父母之命在婚姻缔结过程中的主要表现有这样两种，一是在整个婚姻过程中完全由父母作主，子女没有任何发言权，这种情况大多数发生在汉族地区。还有一种情况基本上发生在少数民族地区，那就是父母对婚姻的主持权，是建立在征求子女的意见基础上。

整个婚姻过程中听任父母做主，一是指男女已经成年后，其议婚定亲

礼制的兴起及对婚恋的禁锢

全都由父母操办，个人没有一点自主权。二是指子女尚在年幼时，父母就已经为他们选择好了结婚对象，他们完全没有机会对自己的婚姻发表任何意见。这种父母包办的婚姻民间叫作"摇篮亲"、"娃娃亲"、"落地联姻"，等等。在湖北的浠水一带把这种婚姻叫作"笑亲"，因为在当地缔结这种婚姻的，一般都是关系密切的两家，在妻子同时怀孕时形成的一种君子协定。若生下一男一女，落盆后两家就结成亲家。江汉平原一带为这件事还要举行一个结发的仪式，就是用两个摇篮把两个婴儿放进去，然后把他们的头发轻轻地结到一起，当地的俗语称为"结发"，这样做了以后就算为他们定婚了。双方一经定婚，无论什么情况，中途都不得反悔。

有一些少数民族的婚姻也由父母做主，一般都是受汉族的封建文化影响比较深的民族，但他们与汉民族的风俗习惯也不完全一样。比如说彝族、瑶族、苗族、水族的青年婚姻自主权仍然存在，他们有自由恋爱的权利，但婚姻最终的决定权在父母手上。

布依族人中也比较流行父母之命和媒妁之言，青年人的恋爱如果没有父母同意，很难结为夫妻。布依族人对婚姻的选择，在清朝以后受比较浓厚的门当户对观念的影响，用布依族人的语言来说，就是要"铁门对铁门，板门对板门"。此外八字是否相合，也是必须要考虑的重要条件。从这两点出发，父母往往不让子女们自作主张联结姻缘，因而布依族人可以说是少数民族中婚姻自主权相对较少的民族，但青年仍然有着自由恋爱的权利，这种情况在汉民族中也是难以想象的。这说明在布依族人中曾经存在着男女自由交往的习俗，还有着一定的影响力。

傈僳族人的婚姻在这方面也是典型，傈僳族人名义上也是婚姻由父母包办，但是由于他们婚前的交往是自由的，所以，在父母包办的时候，自由恋爱结合占很大比重，有时候当自由恋爱的男女受到父母的阻挠而不能结合时，他们还可以采取私奔的方式来达到成婚的目的。这些情况与汉族地区的那种一成不变的父母之命来说，所含的男女婚姻自主的传统习俗是显而易见的。

壮族青年往往在自由交往中，就私下里订了终身，然后象征性地征求一下父母的意见。在大多数情况下，父母都不会反对。只有那些在年龄很小时就已经由父母定了婚的人，才可以算是父母包办的婚姻。但也不是绝对不可改变的，当他们成年之后，有了自由恋爱的对象，也可能退掉过去父母为其订婚的对象。壮族人民的婚姻自主程度相当高。

从汉族和少数民族的婚姻自主权这一点上来看，两者有着比较大的差别，汉民族中有着根深蒂固的封建传统文化，对于人性的禁锢已达几千年，婚姻不能自主已经成为一种传统的习俗。而少数民族中，从近世开始，他们才逐步受到汉民族的封建文化的影响，开始从形式上接受汉民族的习俗，但是民族文化传统的认同过程是一个长期的阶段，尽管一些汉族的统治阶级力求从形式到实质上，都能把汉民族的文化传到四面八方，但是这一主观愿望并不能代替客观现实，深厚的民族传统和文化是不能靠长官意志和行政命令来达到目的的。这就是我们从比较两者的婚俗中所得到的一点启示。

日益复杂的婚姻程序

中国古代婚姻最终的结成,是由聘定后而生效的。聘定之礼始于周代的婚姻六礼,是聘娶婚的主要内容。它在整个中国历史发展的长河中,其主流部分始终存在着,只是各朝各代对婚姻六礼的内容有所增减,形式有所改变而已。婚姻的六礼包括了所有聘娶的礼仪。

长存于世的婚姻六礼

六礼的出现是当时婚姻之礼逐步发展完善的产物，它的形成之时是在周代。

《礼记》上完整地记载周代的六礼所包括的内容：一是纳采，二是问名，三是纳吉，四是纳征，五是请期，六是亲迎。

纳采，后人也称为说媒。如果预备婚娶的男方家庭打听到某女家与自己家庭的条件相当，他们就可以请媒人到女方家去提亲。如果双方不相冲克，而女方家也有意于这门婚事，男家就送一只雁作为象征性的礼物给女方。送雁的意思有二：一是取雁用情专一，希望婚姻能长久的保持。二是当时人认为雁

「纳采」

是一种随太阳迁徙的鸟，因此寓含妻随夫之意。后世纳采的礼物不仅仅局限于雁，也有以羊羔、酒或者胶漆和棉絮等物，这各种物品都有一定的寓意在其中。

「问名」

问名，是纳采结束后的一道程序。如果男家取得女家的初步同意后，就可以进一步向女家中问明一些具体的情况，目的是要用这些来进行占卜，看看这门婚事的前途如何，后世把这一过程叫做"排八字"。问名礼相当于今天的订婚礼或者叫做"小定"，也有的地方叫做换"龙凤帖"，即互换庚帖。这一过程实际上是对双方门户地位诸多条件的近乎全面的一次考察。

日益复杂的婚姻程序

问名之后，男家要把女方的全部情况拿到宗庙里去作正式的占卜，看看祖宗的旨意，希望获得祖宗的批准。这一过程就叫做纳吉。如果在宗庙中卜得了吉兆，男方就要马上派人到女方家去报喜，这桩婚事就算定下来了。卜得吉兆后随之要进行的一道程序是纳征。

纳征，又叫作纳币，民间也叫做纳聘、过定，即订婚。"征"的意思就是"成"，意思是纳聘财，而后婚成。后来纳征的意思在民间都改为"下聘礼"，或"过大礼"、"下礼过定"等通俗的说法。六礼中纳征礼是男女成婚的关键一环，纳征也叫做纳币。没有经过纳征礼的男女不仅不交不亲，而且不能相见，这就是古代所说的"非受币不交不亲"，"无币不相见"。

「纳征」

请期，是男家预选好婚期，派人到女家去征求意见，然后决定婚期的过程，这是男方对女方表示谦敬的一种做法，事实上婚期最后还是由男方家决定。

「亲迎」

亲迎，是婚礼的最后一道程序。中国的婚礼中，亲迎须新郎亲自到女方家去迎娶自己的新娘。也有少数地位极高的新郎，派遣迎亲队伍前去迎娶。迎娶一般用车、马或轿，在南方也有用船迎亲。古代的亲迎之礼多在黄昏时进行，这大概是古代抢夺婚留下的痕迹。到了后世，亲迎之礼不仅仅局限在黄昏之时。这里所以用较大篇幅来谈古代的婚姻六礼，是因为繁琐的六礼在中国几千年的封建社会中，一直是影响民间婚俗的主要因素，尽管后世各朝各代和各地，婚姻的礼俗形形色色，但民间的婚姻中的主要风俗还离不开六礼规定的内容。

周代是聘娶婚的初创时期，在聘娶婚中婚姻六礼流行的同时，自由恋爱的婚姻仍然保留着一定的成分，为了使聘娶婚能够尽快推行下去，统治阶层也开始宣扬和鼓吹聘娶婚。如齐国的政治家管子说："自媒之女，丑而不信。"这就是当时逐渐形成的观念。在这种观念下，当时一直不太注重周代礼仪的楚国，这时候也不可避免地顺应了这一风气。当初楚文王纳息妫之时，一举灭掉息国就把息妫给带回家来了，哪里还用得着那一系列繁琐的六礼呢？然而仅只过了数十年的时间，到楚庄王时，楚国就已经兴起了聘娶之风。庄王时的申公巫臣为了要娶到陈国的美女夏姬，私下里对夏姬说："回娘家去，我要以聘娶婚的形式娶你。"楚国的聘娶婚中，部分的履行了周朝的六礼之习。楚人婚姻中有六礼的第一项：纳采之礼，也就是求婚之礼。《左传》上记载，楚灵王曾派大夫椒举到晋国去求婚，楚平王时期也曾派大夫费无忌到秦国去为太子建求婚，而后平王在费无忌的挑唆下，把为太子建将要娶的女子纳为自己的夫人。除了纳采之礼外，楚人还行纳征之礼，也就是纳币。战国时期，楚国的春申君接受李园之妹时，还要先向李园询问其妹是否已受人聘礼。这里"聘"的意思就是是否已经行纳币之礼。见于记载的楚国所行六礼中，还有一项就是亲迎。楚灵王在向晋国求婚得到允诺后，派重臣令尹子荡和莫敖屈生到晋国去亲迎晋女。

在当时其他诸侯国中这种情况也是屡见不鲜的。以六礼为主要内容的聘娶婚已经成为当时的时尚潮流，其主要内容一直延续到现代。

六礼的习俗在后世显现出多种多样的形式和内容。

首先，纳采之礼在民间始终流行着。各地区的叫法不同，形式也各有特色。在四川，人们把这种礼叫做"谢允"。男女双方经媒人说和后，男家就具书于女家，上面一般写着这样几句话：伏承不鄙，许以令爱贶（音kuàng）室某子，兹有先人之礼，敢请令爱为谁氏出及其生年月日，将以告知先人。女家把书上告于祖宗之庙后，再把女子的生辰年庚回复给男家。男家经合婚后如果得吉，要感谢女家的许可，因此这一过程叫做"谢允"。

湖北蕲春一带把这种礼叫做"送庚牌"。在议婚时男家以银或金选中牌式，上面镌（音juān）刻上男子的生辰，送往女家。女家也仿制一枚银牌，刻上女子的生辰八字回送男家，这一道程序就算结束了。

问名和纳吉之礼后来有合并的趋势，在很多地区后来都合在一起进

日益复杂的婚姻程序

「合婚庚帖」

行,把合婚和排八字合为一道程序,简化手续。但各地的叫法和具体内容上有一些差别。例如,湖北、浙江等地区称为"压庚",或者叫做"压帖"。如果男女双方合婚后,男家要用盒装上庚帖,以钗钏压住,再送往女家名为"压庚";女家这时也要把自己的庚帖书写好,送到男家,叫做"传庚"。在传庚帖这一道程序后,双方的婚事就算基本订下来了。

而在浙江这一过程则稍有不同。男家在这时一般要准备两份庚帖,一份填有男方的年庚八字,一份送给女家填写生辰干支。取回后,要将庚帖压在祖宗牌位前的香炉下面,点香烛三昼夜,请祖宗审明。如果三日之内合家平安,男家再持女方的八字,去请阴阳家算命合婚。如果三日内出现碎碗破锅之事,就是不祥的预兆,就要将女方的八字退回,这门亲事就算黄了。

纳征这一过程在很多地区都有所简化,或者是合并到其他的程序中。四川的川西地区,男家在纳采之后,送给女方家的纳征之礼是一头猪,后来又以猪肘子代替整猪,这种风俗在当地叫"牵疏猪"。

浙江地区把这种纳征之礼叫做"大定"。在这一程序中,男方

「年庚帖」

家除了送各种礼品如:鸡、鱼、猪肉、荔枝、枣、栗等物到女方家中去以外,到时还要把早已准备好的龙凤书带上,一路上招摇过市,送往女家。

请期一礼各地区基本上都存在,江南一带叫作"过年庚"。当男方家里决定了婚期,就要在四个月或者百日之内请媒人通知女家。在上海的浦东地区做这件事情叫做"话好日",是因男方家中已请风水先生选好了黄道吉日,再请媒人拿帖子去女方家通报而得名。在长江中下游地区的江苏

和安徽等地,把决定婚期后再由媒人送到女家去叫做"送日子"。总之这一过程在民间习俗中是非常重视的,人们认为婚期选好了日子,对于今后夫妻的生活有重要的意义,所以绝不马虎。

至于亲迎之礼,在中国的婚姻风俗中可以说是最普遍、最流行,时间也是最长的一种婚姻礼仪,直到现在我们仍然可以在结婚的仪式中看到各种各样的亲迎之礼。

婚姻六礼的具体实行,在各地各个时期都有不同的形式。地处鄂西北山区的竹山县,到清代还流行着六礼中的三礼,即纳采、请期、亲迎。这三礼是婚姻中的基本礼仪,在很多地方都存在。据清同治年间修的《湖北宜城县志》记载:宜城地区"婚礼仿古六礼,名称微异。议婚必凭媒妁议定,男家用金装启书乾造于左,以钗钏弄玩压庚;女家书坤造于右,以文具弄玩酬之,谓之换庚,其古礼之纳采问名欤?将婚,男家择吉报期,具豕酒果盒衣裳送女家,女家以妆奁酬之,谓之过礼,其古礼之请期纳币欤?婚之前夕,男家具盛馔,父醮子于堂中,以未冠童男陪,皆盛服,厅燕宾客,谓之暖男酒。女家则母醮女,延知礼女宾为女梳笄,余仪如男家,谓之梳头酒,古礼之冠笄欤?届期婿必自往交婚,是亲迎也。"宜城地区的这一套婚姻之礼下来,一点也不比古代的六礼程序少,只会是有过之而无不及。这说明在清代民间的婚姻中,有一些比较偏僻的地区仍然保留着部分古代六礼的礼仪,而且还比较完整。

浙江地区古代十分重视婚姻六礼,《杭州府志》记:男子年十六开始行冠礼,其时"筮吉日,选宾僎,告诸家庙,三加训戒。女子于归日,母为之加笄,重婚媾也。"浙江桐乡县"婚礼纳采、纳徵、委禽、亲迎,多遵古道。"

云南地区居住的汉民族,婚嫁仍然沿用汉族的礼俗,他们基本不受少数民族的影响,"婚嫁仍遵行六礼。先求女庚帖,随通媒妁,继请亲长之尊贵者,向女家致主人意。既诺,则二姓互相酬谢,具启下定仪。将娶则请期纳币,而后亲迎焉。其仪物丰俭,各称其力。"

汉民族的婚姻六礼也逐渐流传到少数民族地区,在长江流域的少数民族婚俗中,有了一些与六礼有关的婚姻之礼。特别是在那些与汉族接触比较多的少数民族,这种礼俗就流行得更加广泛一些。如居住在云南大理剑

日益复杂的婚姻程序

川等地的白族，在订婚时先由男方父母托媒人向女家要年庚八字，再请算命的先生合婚，看看男女双方是否有冲犯之处，这与汉族六礼中的纳采大致上是相同的。如果两人的八字相犯，这门婚事就算作罢，如果不相犯，而女方父母也同意这

「白族人订婚之礼」

门婚事，便把女方的年庚八字写在红纸柬上交给男方，作为婚约的凭证，这一过程白族人叫作"发红帖"，即汉族的问名程序。如果双方的八字相合，下一步程序就是订婚。订婚时男家要送一大笔彩礼到女家，如酒、猪肉、茶、糖、衣料、首饰，还有聘金。订婚后，逢年过节还要给女家送礼，一直要送到双方成亲为止。

侗族人中过去也曾经是以自由恋爱的婚姻为主，后来受到汉族封建礼教的影响，在清朝时期，也形成了以六礼为主的婚姻礼俗。侗族人的六礼与汉族的基本一样，也包括纳采、问名、纳征、请期、亲迎。而且越到后来财礼越重，搞得不少人因为结婚而倾家荡产，影响到日常的生活，这与侗族人的传统习俗完全不相合，侗族人民的共同心愿是改变这种状况。因此当时侗族的各寨长老一起来到侗族的"文昌阁"，商议解决的办法。后来通过决定作出了维护侗家简朴婚俗的八议，刻为石碑，永志不忘。碑文

「侗家婚俗」

与封建的六礼有许多不合，大致的内容是：一是限制定婚礼（只许要六两银子）、禁止不必要的礼节、限制舅家的无理勒索；二是送亲礼物只许送糍粑一种，酒听其自便；三是送陪亲婆的礼只许送酒肉，不得又送糍粑；四是嫁女之家，妆奁多寡，随其自便，手巾一概不能送；五是纳采之后，只能送一次节礼，禁止每年都送；六是喜忧礼物，禁

送卷联祭轴；七是姑表结亲，不得混赖，也须要以庚书媒帖为凭，其财礼仍照六两；八是生男育女之家，只许嫡亲送礼，不许搭礼。

这些规定对于不堪封建婚姻重负的侗族人民来说，是一种很大的解

脱，使后来侗族人民的婚姻礼仪就逐步地回复到过去的状态，它对于维护侗族简朴婚俗的好民风起到了重要的作用，也符合侗族人民的传统礼俗。在现在的侗族婚姻的礼仪中，一般只要经过说合、订婚和迎娶的仪式就可以成婚了。订婚的财礼也比较简单，一般都只要有鸭、鱼、肉和糯米饭就可以了，而且女家还要给男家送回礼，内容也与男家所送礼品大致相同，这就大大减轻了男家的负担。

在少数民族中，除了不多的几个民族沿袭了汉族的六礼以外，大多数的少数民族的婚姻礼仪仍然比较简单朴素。傈僳人的婚礼大体上只分两个阶段，一是过礼，二是娶亲。过礼又称"赔财礼"，是男方在订婚后，选择吉日向女方父兄所送的财礼。过礼时女方家庭要杀猪宰羊，备酒款待男方的亲族及未婚夫。迎亲的时候双方互相对歌对舞，通宵达旦。

礼俗并具的复杂聘娶

聘礼的变异　聘娶婚留有不少买卖婚的痕迹，但它与买卖婚又是有区别的。聘娶婚以聘的形式缔结双方之间的婚约，而买卖婚则以赤裸裸的买卖关系结成双方的婚姻关系。买卖婚是继抢婚之后流行的一种婚姻形式，它是私有制条件下，婚姻的一种主要代表形式。这种婚姻的特征是男方以一定量的财物为代价，来换取女方为其妻妾的交易方式。它发展到后来就是按一定数量的钱财娶媳妇的聘娶婚。

> 这种婚姻形式的起源，最早可以追溯到史书上记载的传说中的伏羲时代，比较流行的说法就是：在伏羲那个时候，他为人们制定了嫁娶的礼仪，规定婚娶都要以俪皮为礼，俪皮之礼其实就是买卖妇女的礼仪，这是一位现代的学者刘师培所言，他的话是有几分道理的。他认为后世婚姻所行的六礼中，纳采奠雁纳征所显示的特征都带有买卖婚的习俗。

春秋时期，买卖婚就已在流行。这一时间成书的礼仪书籍《礼记》上，就明明白白的对买卖婚作了规定："买妾不知其姓则卜之"，就是说

日益复杂的婚姻程序

妾是可以买卖的。到了汉代，买卖婚姻十分流行，从皇室嫁女开始，往往动用数以万万计的聘金，导致下级官吏乃至平民百姓，纷纷效仿朝廷，竞相以高价聘金娶媳妇。这种习俗与当时正处于聘娶婚开始阶段，买卖婚还残留着不少的痕迹有关，同时也是汉朝政府制定的政策所致。买卖婚有几种形式，一种是纯粹意义上的买卖，即买卖双方一手交钱一手交货的交易，这种情况我们在汉代的民间还可以见到。西汉文帝时的官员晁错上书皇帝，提出要募集青壮劳力去为国戍边，为使这些戍边的士卒安于职守，晁错建议各地县官为应募之民中无妻者"买予之"，就是要县官为这些戍边者买一个妻子。

长江流域的中下游地区居住着比较落后的骆越居民，在东汉时他们由于生活环境艰难，加之还不懂得汉民族的嫁娶礼法，很多男子到了五十岁，女子到了四十岁还没有按聘娶规定的要求结婚。当时的官员任延曾经担任九江太守。为使当地的风俗与汉民族同化，他下令当地要实行聘娶婚。但是这个规定要实行起来有很大的难度，主要原因是老百姓大多数没有钱送聘礼。于是任延就下令所属各县的官员拿出自己的俸禄来，资助这些贫穷的男子娶妻之用。仅这一次捐助的钱就解决了两千多人结婚"家贫无聘礼"的困难，使他们按汉朝的聘娶婚规定结了婚。这种政府官员出钱资助买婚的现象，虽不能说是一种民风民俗，但是它却是来自于民间早已存在的一种习俗——买卖婚之源，他们把这些聘娶婚的风俗移植到少数民族地区，作为推行汉民族文化的一种方针政策，而在推行这种政策之时，也就在客观上把买卖婚带到了这一地区。

另一种买卖婚的形式表面上是聘娶婚，而实际上则实实在在的是买卖婚。湖南新化这个地方在清代还存在着买卖婚的行为，买卖的对象是夫死再嫁的妇女，这个地方对妇女的改嫁没有什么限制，但对于改嫁后的彩礼，夫家和娘家却争夺得相当利害，以致于在双方争执不下时，往往采取捆绑捉拿的办法把人抢走。这种争彩礼的关键就是争妇女的身价钱，这是一种显而易见的买卖婚姻。有些人家在嫁掉了女子之后，还不甘心，又捏造说男家太贫穷，使嫁过去的妻子无法生存，夫妻关系又不和谐，于是"即行嫁卖"，即又一次重新卖掉女子。如果说前面所为还只是变相的买卖行为的话，那么这后来采取的行动就是完完全全不折不扣的买卖婚姻了。这与《祝福》里的祥林嫂被原来的婆家所卖，是同一性质的事情，都是背着当事人把寡妇以再嫁的形式卖出去，以得到一笔彩礼。

四川、安徽等地区在处在贫困状况下的农村姑娘在家里活不下去，都是以很低的价钱卖给那些相对富裕地区的男子做老婆。有些人贩子也瞅准这种状况，把妇女骗出来，卖给一些未婚的男子为妻，从中牟利。这也是典型的买卖婚行为，它是受政府打击的社会的一种恶习，但它是受过去残留下来的遗风的影响。

> 在历代王朝所制定的法律中都能发现很多禁止买卖妇女的条款，如北魏的法律规定："卖周亲及妾与子妇者流"就是说买卖自己的亲人，自己的妾或者儿子的媳妇，都要遭受流放之刑的处罚。唐朝的法律规定："略卖人……为妻妾者，徒三年。"买卖人口作为自己的妻妾，要判三年徒刑。宋朝的仁宗鉴于当时的买卖婚行为太过，因此下诏"禁以财冒士族娶宗室女者。"但到神宗皇帝时，仍然听任民间皇室大肆进行买卖婚。后世的王朝也大多对于买卖婚有所限制，元明清的法律条文对买卖婚都制定了一些条款，但是从根本上来说封建社会的制度对买卖婚是无法消除的。

有些少数民族中间也存在着买卖婚的行为，清代宣统年间的湖南《永绥厅志》上记载说：苗族人婚姻嫁娶就像买卖货物一样，不讲婚姻之礼，只讲男方送牛马的数量，然后派中间人，即媒人去说合就可以了。按当时的大致标准是，一名女子用牛马五六匹就可以换回来。这大概是在自由婚姻之外的一种媒妁婚行为，也可能是在男女相恋已经成功之后，再央媒人去说合时的一个必经的过程。这说明苗族的习俗是不管你自由恋爱到什么程度，最后还要用钱财来完成实质上的婚姻。

买卖婚的实行在中国存在了很长的时间，买卖婚一直有它的市场，很多中国古小说中也都可以看到买卖婚的流行。比较常见的是，一个富裕人家的男子用钱为自己买一个丫头来做小妾，或者在妓院买一个妓女做妾。

聘礼的形式 在双方婚姻定下来并选好喜期之后，接下来的就是仅次于婚礼的聘礼仪式。即男方要准备好礼物送到女方家中，为正式的婚礼前

日益复杂的婚姻程序

的一种仪式。这时候所送的礼一般有两种，一是为送日子所准备的礼，即报期礼；一种是为迎娶新娘所送的礼，即聘礼；有的地方是两种礼一起送，各有讲究。

大多数的地方在送期时都不单独送礼，而是在聘娶前把聘礼一次送到女家，而在送期时只准备一点小礼物略作表示。

送聘礼是中国传统习俗中的一种广而深的习俗，各时代、各地区、各阶层以及各民族有着很大的差别，每一个地区都有不尽相同的风俗习惯。所谓聘礼，用俗话说就是男家送给女家的财物，称聘币，也称聘财，民间称为"财礼"或"彩礼"。结婚中的聘礼在中华民族的婚俗中是一项很重要的礼仪，不论贫富贵贱，也不论是汉族还是少数民族，结婚的仪式中，这一项是必不可少的。

中国的聘礼之习俗，起源比较早，一般认为是起源于周代，《周礼》的六礼中，纳采、纳吉、纳征都是聘礼的一部分。前两项相当于后世的下小聘。纳征，古代又称纳币，后世又称为"下财"或"过大礼"，即男家依照双方商定好的聘礼数量，在迎娶之前，隆重地

「清朝聘礼」

送到女家去，纳征相当于婚前的大聘礼。对于中国婚俗中的聘娶之礼，有学者认为："行聘之礼，北方男家备礼送于女家，南方则女方备礼送于男家。"这是南北地区习俗中的不同之处，但也不尽如此，南方也仍然有男方送聘礼到女家的习俗。

各个地方对于聘礼和陪嫁的种类质量和数量，都有不同的习俗，尤其是对于聘礼中某些物品所含的寓意更是因观念的不同而形形色色、五花八门。

自魏晋时期起，江浙一带经济就得到了很大发展，隋唐时期人民生活相对富庶，因此产生出两种绝然不同的风俗，有的地方因为富庶，所以朝廷对他们加强了赋税的征收，因此人民生活负担很重，尽管守着大堆的财富，却只能过着勤俭的日子，所以对结婚的聘礼不可能很讲究。同时也由于这里文化的相对发达，士大夫们并不以奢侈为荣，因此出现婚礼崇尚俭

「子孙桶」

约的风气。以明代的江苏江浦地区为例，这里由于经济一贯发达，而且士大夫阶层的文化素质较高，因此"俗尚淳质好俭约，习尚勤俭，民安土而乐业，士好学而有文。"这样的一种风气使得传统式的礼俗在这里并没有很大的发展氛围，行成"冠婚之礼虽士大夫家鲜行之。"这就使人们对婚嫁中的财礼不看重。同时这里贫富之间的差距比较大，人们也不以惯常的互相攀比的心理对待婚姻之礼，方志上记载，"嫁娶之仪，贫富称家，亲迎，市井全废，村氓尚存。其既嫁女者，率以受饼果遗姻友，各答以财帛衣鞋之类，谓之送嫁，既嫁，多代为馈馈，丰俭随宜。"而且尤其喜欢送子孙桶。这种独婚姻不论财的风气应该说是对人的一种尊崇，是一种比较进步的婚姻观。

> 志书上记载：古代民风淳朴，婚丧之事都以邻里之间互相帮助为礼仪。当明朝时期，上海附近的地区"风渐气染，人情靡常，美恶所趋，近亦有不同者，县当南北通衢，四方之民杂处，其间人情日渐奢侈，颇尚势力财雄，挟意气相高，独婚姻不论财。"

　　自清代以后，江浙一带经济更加发达，尽管朝廷的征收负担仍然很重，但也挡不住人民生活的日渐富庶，因而造成风气日奢。康熙年间有一名叫龚炜的人撰有一本《巢林笔谈》的书，对各地的风俗民情作了记载，其中对吴地的风俗记载较为详细。该书记：吴俗奢靡为天下最，日甚一日而不知反，安望家给人足乎？对于婚姻方面的奢侈风俗更有详细的描述，其云："门楣求其称，婿妇惟其贤，财帛抑末矣。吴俗风气日下，男计奁资，女索聘财，甚有写定草帖，然后缔姻者。于是礼书竟同文契，亵甚矣。且一重利，则良贱不及计，配偶不及择。"这种风俗一直延续了下来，一直到后世，江浙地区对于聘礼都比较讲究。

　　送聘礼的名称各地都有不同的叫法，湖北旧时把送聘礼叫做"团书"。迎亲前十数日或一月，男家把为新娘准备的簪、环、钏、裙等饰物

日益复杂的婚姻程序

和布帛、果食、酒肉等送到女家，同时向亲友发送柬书，告诉他们婚期已定，迎娶在即。后来湖北某些地方把婚前送聘礼叫做"过礼"，鄂西南一带叫做"过上头礼"，这是临近婚期时，男家向女家所送的最后一次彩礼。送聘礼的日期颇有不同，有的在婚礼前一日的上午才送出，有的则在两三日或旬日月余前。

浙江杭州有一种行婚姻聘礼的形式叫做"下合"，下合之前必须办三件事，第一件事是"请尺寸单"，这在男方择定吉日后，由媒人告知女家，称为送日子，它相当于六礼中的请期之礼。在送日子的同时，媒人要顺便把新娘的裙袄尺寸样式带回来。第二件事是送上鸳书凤目及小札。第三件事是"八字合"，三件事完成之后，就要把币帛等物送到女家，敦请女家早日来到男家，这就叫做聘。杭州人以币帛而不以其他的财物作为应聘之礼，是表现他们的诚挚之意，以此与财婚相区别。在杭州，准备结婚的女方家接受聘礼后，一定要有回送男方之礼，当地叫做"回盘"，他们以此来表示没有卖女之意。这种习俗在开始的时候还具有比较纯正的观念，但到后来也浸染了不少商品经济的意识，女方家斤斤计较男方家的聘礼，而男方家也要求女方家的厚奁。江苏地区相比杭州而言，来得更直接，女方家往往直接向男方提出聘礼的要求，男方就照女方索要的衣饰、聘金、鹅酒、靴鞋以及敬送的宴席等一并送到女家。另外还有两幅泥金名帖，只字不写，由女家在上面书写"允吉登嘉"四字后，交给男方带回，这门亲事才算是铁定了。

在一些比较贫困的农村，由于经济的原因，聘礼的内容与富庶的江浙一带差别较大，当地大多数以一些土特产作为聘礼，数量则根据各自的能力而定。有一些贫苦的人家送不起大笔的彩礼，就采取一些变通的办法。如湖北巴东流行一种"羊角背"的风俗，就是那些贫穷的人家想出来的一种变通之策。当地的人婚娶前送聘礼时，兴送骡子或马，贫苦人家就用牛或者猪作替代物，另外还加上一些羊肘子、酒食等，装上满满一背篓，背到女家去，分馈给女家的亲友，倒也显得丰盛实在。

男家在送过聘礼后，女家也往往要回送一些礼物给男家，这种习俗在各地叫法和具体的做法有所不同。在江苏南部和上海等地叫做"还礼"。在议婚完毕男家也送过聘礼之后，女方家必须以头发和糕点等物还到男家,寓头为首先之意,发为发财,糕谐音为高,寓升高向上的意思。

　　与大多数地区盛行婚姻重聘礼的习俗相异,也有少数地区保留着比较朴实的民风,婚姻不重聘礼,如湖北的公安县,当地的习俗是流行早定亲,一般孩子在襁褓中时,亲戚朋友就开始为他们提亲,但是直到亲事说成,女方都不收受男家的聘礼,议定的凭据就是一纸单红帖书,上面写着女子的年庚八字,请媒妁送往男家,婚姻就算成立,双方往往一诺千金,再不反悔。湖北房县也是这样的习俗,在双方把条件都商谈好以后,定亲时,只以红版书写的年庚为凭,不需要男方下聘金。直到嫁娶之时,也是由女方自备一些妆奁箱笼及送给公婆的鞋袜等礼物,而男方也只需为新娘准备一些婚礼时用的衣服首饰,和一些平常所穿的衣物,一概都很简单。

　　太平天国对于旧有的婚姻礼俗曾经进行过改革,在《天朝田亩制度》中讲到,民人进行婚礼时,要将"一切旧时歪理尽除"、"凡天下婚姻不论财"。在破除了这些旧的婚姻礼俗以后,用一种什么样的方式来进行婚礼呢?《天朝田亩制度》中提出婚娶喜事的费用"俱用国库",但"不得多用一钱"。太平天国具体婚事的操办是由两司马进行,仪式是采用天朝所信的上帝教与旧式的封建传统相结合的形式。在严格地审查新郎新娘的宗教信仰后,牧师将两人的手合在一起,表示已经互相接受成为夫妻。主持婚礼者以圣父、圣子、圣灵的名义为之祝福,于是婚礼完成。

眼花缭乱的迎娶礼俗

　　当聘礼的仪式完成之后,剩下来最后的一个婚礼仪式就是迎娶之礼了,这是婚姻礼仪中的重头戏,也是婚姻礼俗中所有的文化现象得到最充分体现的一道程序。迎娶的过程比较复杂,各地的习俗呈现出千姿百态之状。

　　佳期的选择　结婚的时辰在古代一般都选择在黄昏的时候进行,某些民俗学者认为,这是古代掠夺婚的遗风。到后来这一习俗逐渐地发生了一些变更,人们不仅注意到亲迎的时辰,而且对于亲迎的日子,也就是结婚的喜期,也十分的讲究。人们所注重的不仅是要避开一些邪祟,而且还要有利于今后新人的生活,甚至于要对婆家人今后的生活也要有好的影响,因此结婚之日的选择成为一件很重要的事情。选择吉日在结婚之前很久就

日益复杂的婚姻程序

要开始,这是必须由双方用充分的时间来选择的、一个双方都认为是吉利的日期。同时结婚的日子还要上告宗庙祖先,所以婚期的选择是一件绝不可忽视的重要事情。

> 古代对婚期的选择一般都是由卜筮决定,这是由巫师掌握的一项专门技术。后来成为阴阳五行家的专利,再后来就沦落到算命的或者占卜风水的先生手中,成为他们谋生的工具。

在民间还有一些稍通阴阳占卜之术的人,也常常被人请去择吉日、占时辰。但老百姓中有些没有条件请人占卜的,只大致上翻翻皇历书,也可以择定自己认为满意的日子。所谓吉日,一般要考虑的因素主要是要避开亲人的忌日,大致合于阴阳五行。也就是说男女双方的八字命相不要与五行相冲犯,就叫做良辰了。此外各地区各时代各民族还有自己的风俗习惯,或者有一个特定的时日或节日被大家普遍看作是好日子,也是人们常常用于举行婚礼的日子。因此在古代或者在一些比较注重礼教的地区,择吉日是有比较多的讲究和禁忌的。在有些地区或者在比较开放的朝代里,也可以基本上没有什么禁忌。古代的江淮地区流行以辛、壬、癸、甲为嫁娶日,传说是上古时代的大禹娶涂山氏的女子为妻,时逢大禹正在治水,他为了不以私事为由干扰治水,所以在辛至甲这四天的婚期中,仍然前往治水,后来江淮一带的人都以这四天作为吉利的日期,大概既有取一心为公的意思,又有纪念这一位祖先的含意吧。四川各地对最佳婚期的称呼为"期大",也就是通常所说的"黄道吉日"。按算命先生的算法是:青龙、明堂、金匮、天德、玉堂、司命这六辰都是吉神,据说六神值日的日子,诸事吉利,因此被认为是最佳期。

到后来,在各个不同的地区百姓的现实生活中,吉日的选择在很大程度上是由当地的观念和习俗决定的。同时吉日的选择除了一些基本的讲究之外,简单、方便是老百姓所崇尚的,那些需要花很多时间去选择而且离人们的生活很远的一些古代吉日,一般都弃之不用。当地人们认为的好日子,则成为吉日的首选。比如湖北人一般都以双日为吉日,取好事成双之意。鄂西北的随州地区时兴以每年一度的花朝节或腊八节为婚礼的吉日。

武汉和鄂东一带认为的吉日,是逢八的日子,当地人在观念上认为:要得发,不离八。在江汉平原的石首一带喜欢带"九"的日子,民间的婚期大多定在农历九月十九、十月十六、十月二十四、冬月十九。民间传说认为九月十九为观音菩萨的生日,十月十六为老和尚过江日,十月二十四为寒婆婆打柴日,冬月十九为太阳神的生日,这四个日子都是民间认为的黄道吉日。当地的人还认为九与"久"谐音,意在祝新人婚姻百年好合,永久幸福。而云梦这一地区的人则认为"选日子不如撞日子好",因此他们那里流行随意定一个日子的风俗,而不去刻意地做特别的选择,实际上这也是一种观念,意为不能刻意地去选择,以免抓不住好日子。

「纳西族慈祥的老妈妈背着嫁妆」

嫁妆 民间对于男家的聘礼十分重视,与此相对,男家对于女家的嫁妆也有不同程度的要求。女家对于女儿出嫁,出于种种原因,也要给予数量不等的陪嫁。其中社会各种人等对于陪嫁有着不同的认识。在社会的中上等人家中,不愿意在这种实质上的买卖婚中,被人说成是卖女,同时也为了女儿嫁到男家日子过得更好一些、因此无论家境贫富,都要有数量不等的陪嫁。湖南的民谚中说"上等之家,赔钱嫁女;中等之家,将钱嫁女;下等之家,卖儿卖女。"这就是针对嫁妆的丰薄而言的。各地区各民族对于嫁妆都有不同的习俗,汉族女子的嫁妆有比较多的讲究,一是讲究丰厚,二是讲究吉祥,三还要讲究表现和祈盼新娘的能力,所以对于嫁妆的重视也是决不亚于聘礼的;少数民族也有程度不同的讲究。

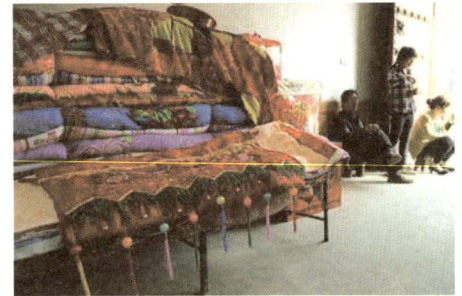

「嫁妆」

江苏扬州对婚礼中陪嫁讲究丰厚。当地的婚礼一般选在冬腊月间,在婚期的前几日,女家就要开始"铺房",铺房就是用嫁妆把新房布置起来。铺房的用品除床以外,所有的木器都由女家置办,叫做"一房一

日益复杂的婚姻程序

屋",帐幔铺盖必须要成双,有钱人家为了显示富有还要四铺四盖,甚至八铺八盖。铜锡器若干担,大红箱若干对,房屋陈设要尽量的华丽,首饰衣服,都记在专门的簿子上,悉数不尽。

湖北天门的陪嫁也讲究丰盛,当地流行女方陪嫁"一堂一房"的习俗,意思是堂屋和洞房里的家俱均由女方陪送,而男家过礼则需整猪整羊。于是一堂一房,整猪整羊就成为当地家庭过礼和陪嫁的标准。在公安一带女子的陪嫁中必须备有八把大交椅,专门用于放在堂屋中以显示娘家的气派。

浙江杭州在男家送过聘礼之后,女家照例要以女子的陪嫁作为回礼。所回的礼物是以显示新娘的女工为主,因此这时无论贫富,一般都是以手工制作品相赠。到了亲迎那一日,男家还要给女方送去催妆花髻,销金盖头,五男二女花扇花粉。女家答以金银方胜、袍靴等物。亲迎的前一天,女家要请人先往男家铺房、挂帐幔等,一直到亲自压铺房备礼,前来暖房。杭州的这一习俗与当地的经济发展很有关系,当地丝织品和刺绣都很发达,所以可以有条件让女子充分地展示自己的手艺。

杭州人对嫁妆还非常讲究吉祥之意,当地有用万年青陪嫁的习俗。万年青,从名字上看,就是一种生命力极强的植物,而且它很容易生长。当女子出嫁前,都要去亲手选一株万年青的树苗,用红布裹好带到男家,以表示新娘愿自己像万年青一样,在夫家长住下去,无论遇到什么困难,都不会变心。这一棵树苗在新婚后的第二天由新郎种到土中,以示夫妻同心,爱情万年长青。

上海奉贤沿海的盐民中有一种特别的嫁妆——钱线匾,这是一个圆形的浅边竹器,形状像一个中等的脸盆,外边用涂红漆,制作十分精致。匾中装有一些母亲送给新娘的钱、线、剪刀、尺等女红工具,匾上还贴有一个大红的喜字。按习俗钱线匾不能随嫁妆同行,要第二天由新娘的嫂子专程送到新房中去,当场还要举行一个交匾的仪式,嫂子递匾时说"勤是摇钱树",新娘要接下去说"俭是聚宝盆",然后同饮送匾酒,仪式就算完结。这种送钱线匾的仪式,就是表达了母亲对女儿掌握一门技能的祝愿,愿女儿在婆家能够心灵手巧,操持好家务。让嫂子特意送去,表示了母亲对这件事情看得重要。

嫁妆的种类可以说无所不有，大多数有一些良好的寓意包含其中。贫穷的人家一般是陪嫁女子日常所用的衣物和日常用品等，而富裕的人家除了女子的首饰、日用衣物以外，还有将土地、牛羊、房屋、仆人甚至佃户长工都作为陪嫁的。除了一些在汉族中比较通行的陪嫁物以外，南北地区也有一些自己的特点。在江浙一带流行女子出嫁必须陪嫁"子孙桶"的习俗，所谓"子孙桶"就是马桶的专称。在陪嫁的子孙桶中通常是放一包花生，两个半生不熟的红鸡蛋，还有红纸包的云片糕、圆果、红枣等，这些东西都是有一定的寓意的。成亲之夜，喜娘边倒子孙桶边在口中念"口彩"："子孙桶，滴溜圆，代代子孙做状元。红花生，两头尖，小伙铜钿，老夫铜钿，赚得万万千。"其中寓意就是早生贵子，传宗接代，光耀门庭。

「嫁妆中的子孙桶」

湖北京山一带除了居家用品之外，更注重劳动工具的陪嫁，当地的农村兴陪送风车、水车、锄、镰、耙等农具。

与送嫁妆时大肆张扬的习俗相反的是，有些地方则是尽量低调的处理，以免别人看笑话。安徽江淮一带的送嫁妆习俗就叫做"遮娘丑"。在婚礼的前三日或前一日，女家派人向男家送嫁妆，并且用嫁妆布置新房。男家亲友这时就要对嫁妆说长道短，使布置新房的人难堪，因此陪嫁品中有一顶蚊帐是必备的，俗称这顶帐子为"遮娘丑"，意思是只要帐子一张开，就可以把娘家陪嫁中的丑统统遮住，不再害怕男方家的人评判议论。这些不同的习俗应该是各地经济状况的反映。

哭嫁 当聘礼已到，嫁妆已送之后，就是男方正式迎娶新娘的时刻了。这一时刻的来临，每一位即将做新娘的女子，除了一种从未有过的激动和不安的心情外，就是对于生活多年的娘家依依难舍之情。古往今来，送嫁时即将与亲人惜别的感情，都表现得十分强烈。这是因为在封建社会里，由于婚姻不能由自己作主，出嫁女子往往感叹命运的不幸；同时还因为女子地位低下，出嫁到婆家，就预示着即将进入牢笼；或者嫁得很远，难以再返回娘家，看望自己的亲人，等等。这一切，都使女子出嫁前的心

日益复杂的婚姻程序

情格外悲伤。各个时代各个地区各个民族的人都要以当地的习俗把这种感情表现出来，一般有两种主要习俗，一是唱，一是哭。唱主要不是高兴而唱，有时也是哭唱，哭更是表达悲伤之情。有的地方是只哭不唱，有的地方还是先唱后哭，而且要越唱得欢越哭，越哭得狠越好。以致于后来有的地方认为不哭不发，越哭越发。这应该是后起之意，是从好的方面来解释哭嫁。出嫁还有种种不同的习俗在各地区表现出来。

哭嫁之俗最甚的是湖南、湖北的土家族人。

> 土家族新娘哭嫁的意思有几重，一是感激父母养育之恩；二是对包办婚姻表示心中的不满；三是对重男轻女给自己带来的不幸表示痛恨；此外就是揭露媒人贪婪、狡猾的嘴脸。

「土家族的哭嫁习俗」

社会的不开放，封建礼法对女子的禁锢，使得媒人很有市场。所以女子在出嫁之前唱哭嫁歌时，骂媒人是很正常的现象。尤其是土家族的媒妁婚姻是从清代以后才开始，在此之前土家族人都是自由恋爱和结婚，直到清代用改土归流的政策强制土家族改变过去的婚恋习俗，而土家族原有的习俗在民间却是根深蒂固，不能按照自己的意愿结成伴侣的心情，在女子心中又多了一种幽怨，在出嫁之前发泄出来，就是一种抗议。

土家族特别重视女子出嫁前的哭嫁，为了在出嫁时能唱好哭嫁歌，从十一二岁开始，小姑娘就要开始学习哭嫁，一直到出嫁时为止。新娘的正式哭嫁是从上头开始的，负责为她开脸的大嫂在一旁陪着她哭"上头歌"。在这之后，无论是三五天，还是上十天，每晚都有姑娘和大嫂来陪着她哭。哭嫁歌的内容很丰富，有辞祖宗、哭穿露水衣、哭吃爷娘饭、骂媒人，等等。出嫁的头天中午，新娘是放开大哭的一天，先哭祖父母，其次再哭父母，哭了父母哭兄嫂，哭了兄嫂哭弟妹，还有一大排亲戚，个个都要哭到。直哭得天昏地暗，在场的个个为之下泪为止。下午来接新娘的花轿到了以后，还不能上轿，要等到第二天的鸡叫以后，和母亲对哭了"发轿歌"直到天亮才能上轿。

直到现代，土家族人还有哭嫁的习俗，但与过去相比，已经有了根本的改变。它只是新娘出嫁前哭一下自己难分难舍的心情，离开娘家后，还是高高兴兴地到婆家去成亲。这种哭嫁大多是习惯使然，或者仅仅只是短暂的感情流露，不像以前包含委屈之心、悲伤之情。

湖北鄂东南一带汉族哭嫁的风气也比较盛行，如咸宁兴哭嫁，她们哭嫁的时间很长，只是阵势上不及土家族那般大。一般是母女对哭，用当地的山歌调互诉离别之情，附近的亲友邻居也陪着母女俩哭。她们在哭的同时，还要每人以花为题作一首诗，互相之间不能重复，因

「鄂东南地区的哭嫁习俗」

此这里的哭嫁又有"哭百花"之称。像这样母女对哭唱，众陪嫁姐妹一起陪哭唱十来天，一直要哭到姑娘上轿。如此这般地长时间的哭唱，而且还要讲究词的优美和艺术效果，对于一般的人来说，难免会有词穷曲竭之时。因此为了能在出嫁这一段时间，哭唱得够水平，姑娘往往在婚前就要进行专门的训练。在广济（今武汉），出嫁女是在出嫁前的一个月时开始学唱哭嫁歌，然后在出嫁前要与母亲对哭三天三夜。大冶的习俗是除家人哭嫁外，至亲女眷和同村姑娘也要上门陪哭。当地的陪嫁歌世代相传，妇孺皆知，曲调长久不变，只是随着时代的变化词句有所变动而已。

「湘西地区的哭嫁习俗」

在湘南湘西一带，姑娘在出嫁前一天、三天，甚至前半个月时就开始唱"哭嫁歌"，还有同伴姐妹陪着一起哭，一直要哭到声嘶眼肿，才显得离娘悲痛，才为人称道。有的姑娘在哭嫁期间还水米不进，以致于出嫁时昏死在花轿中。哭嫁早先来源于对亲人的留恋之情和对封建礼教的不满与控诉。后来由于社会环境的变化，婚姻生活的改变，有些地方的哭嫁习俗

日益复杂的婚姻程序

渐渐地演变成一种民间的歌舞，这应该是由于哭嫁的本来意义减弱了的缘故。

在上海浦东也有哭嫁，但并不太突出。苏杭一带女子出嫁也兴哭嫁。时间是在新娘上花轿之前的一天的夜里，嫁妆打点好以后，新娘和其母就开始唱哭嫁歌。到第二天花轿进门之后，则是哭嫁的最好时

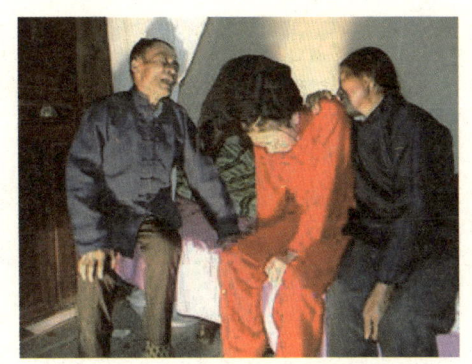

「湘西地区的哭嫁习俗」

刻。当喜娘给新娘子梳头打扮之时，新娘的母亲就坐在床边哭，娘哭时，嫂子要端一碗米饭，在新娘子口里划三划，新娘就抱住嫂子哭唱"一碗饭歌"。喜娘牵着新娘到各位亲长面前告别时，新娘看到谁就要唱谢谁的歌。当新娘换上绣鞋由阿哥抱上轿时，还要唱"抱上轿"的哭嫁歌。

一般哭嫁的意义各个地区大多是表达对家庭的难舍之情，哭出自己心中的不满和委屈，也有的地区对哭嫁习俗有另外不同的解释。江苏安徽交界的一个名叫石臼的地方，新娘在出嫁前三天就与其母亲闭门不出，每天早晚母女都要对哭一场，哭声一天赛过一天，当地的人都认为这样就能使双方的家庭都迅速地发达起来。这样一来，新娘的哭不仅仅只是为了自己，她还肩负着家庭的重托，不光是哭，嘴里还唱着各种小调，边哭边诉。

哭嫁的习俗在华南的广东一带也存在。

> 《中华全国风俗志》上记载"粤俗好歌，语多双关。词不必雅，然情必极至。先嫁一夕，戚谊与席者，各坐堂歌词。有云：一树石榴全著雨，谁怜粒粒泪珠红。又云：灯心点着两头火，为娘操尽几多心。天机所触，自然合韵。"

看来哭嫁是中国民间一种比较普遍的婚嫁习俗。

除了土家族人喜欢哭嫁之外，还有一些少数民族也有哭嫁的习俗。如彝族、藏族也都有，只是不那么突出。彝族的女子的哭是在男家亲迎的人来了之后。女家招待亲朋好友的酒席散了，妇女们就会聚在一起唱哭嫁歌，

「彝族哭嫁」

内容大多为描述女子在一夫一妻制家庭中的悲惨命运和出嫁时的离愁别恨。藏族人哭嫁是在迎亲的那一天，当东方刚刚破晓时，新娘就开始哭起来。迎亲的队伍到达后，更要哭个不停。新娘上马以后，在马鞍上还要呜呜咽咽地哭，他们哭嫁是以唱歌为内容，如藏族的抒情长歌《娥妮》就是这种哭嫁时唱的歌。

> 出嫁的女子也并不都是哭，也有一些地区女子出嫁时是以唱歌来表达感情，这些歌有些是喜庆的，有些是悲喜交集的，总之，出嫁并不都是笼罩在一种悲凉的气氛中。

在湖南桂阳和四川东部，有一种"坐歌堂"的习俗，这一习俗是以唱和哭交替进行来送女出嫁，顺序是先歌后哭。新娘从哭娘开始，全体参加者也一齐唱"哭娘"，然后一出出的哭。这一场哭戏一直要到主持人宣布"圆歌堂"时才结束。这是一种主要以唱为主的出嫁歌，哭只是唱之后的一种感情的自然流露，而不是以哭为主，同时气氛也以喜庆为主，它不同于以哭为主的哭嫁。

「四川的"坐歌堂"」

而在湖南嘉禾地区，女子出嫁前，唱歌要由伴嫁女邀请歌手，在歌堂里演唱，直至通宵达旦。唱歌的形式多种多样，有坐唱、轮唱、合唱、长歌，等等，后来又进一步发展成载歌载舞的"伴嫁舞"，其中包括一系列的舞蹈。舞的时候酒杯、酒壶、酒碗、碟子、筷子、香火、蜡烛以至于桌子板凳都可

「湖南瑶族的"坐歌堂"」

日益复杂的婚姻程序

以成为舞具，民间色彩非常浓厚。这是一种喜庆的婚礼情景，是欢快情绪的表达。

上花轿 中国古代的女子出嫁并不是一开始就有坐花轿的习俗，这一习俗大概是从宋代开始的，在宋代之前女子出嫁基本上都是坐车。到北宋的时候，迎娶新娘用的是轿子的最早形式——檐子，它与车的不同之处在于，它是用人抬，而不是用牲畜拉。

「上花轿」

后世南方的婚嫁习俗中，女子出嫁是否坐花轿是迎娶中的一件至关重要的大事。

> 湖南的姑娘出嫁之时，要凤冠霞帔，珠络满头，长裙坠地，坐上四人抬的花轿，享受一次"一品夫人"的待遇。如果今后与丈夫或者公婆有了口角，女子可以理直气壮地说："我是你们用花轿抬来的"，表现是明媒正娶进门的。但如果再嫁，就只能坐四人抬的素轿了。

坐轿子并不是汉族婚俗的专利，少数民族中也有新娘坐花轿的习俗，如湖南土家族新娘就有坐轿的习俗，先由新郎背着上花轿，然后由四人抬着花轿到男家。

「土家族新娘坐花轿习俗」

「古代的花轿」

湖北恩施的习俗也如此，但新郎是骑着马，后面跟着新娘的花轿，一路上吹吹打打到男家。

彝族的规矩，不管路有多远，一律走路，不骑马，不坐轿，有时新娘要由新郎背着进到婆家。

江南地区为新娘装扮的风俗叫做"扮上轿"，开始的日期可能在出嫁前的三四日，也可能在出嫁的前一天。这件事一般都请多子多孙的喜娘来进行，目的是图一个吉祥。它的内容包括上轿前的开脸、沐浴、梳头等。开脸俗话也叫做

「扮上轿」

"开额头"，就是用纱线绞去脸上的汗毛。民间一般认为未婚的处女是毛脸，在结婚之前必须把汗毛绞干净才能成为光面，光面是姑娘与小媳妇的区别，它代表姑娘时代的结束。在民间，姑娘开脸，也是婚姻中的一件大事。开脸完了以后，便是沐浴，由两位夫妻双全多子多女的妇女主持。最后是为新娘梳头，梳头的时候要从新娘的头上拔下七根头发，与新郎家送来的七根头发连到一起搓成线，用作新娘扎头髻时用，用两个人的头发扎在一起梳的髻，就叫做夫

「开脸」

妻结发，它成为男女双方结成夫妻的信物。在老百姓的俗语中就有结发夫妻的这种说法，表示是原配夫妻。

新娘的服饰也是十分讲究。中国民间认为人的一生只有一次这种时刻，所以对于结婚中的诸事都要十分完美才算满意。而新人服饰又是表现在大众面前的，所以理当格外注意，无论贫富，都要尽自己的能力让服饰如人意。汉族民间新娘的服饰是：头戴凤冠，脸遮红方巾，上身内穿红绢衫，外套绣花红袍，颈套项圈天官锁，胸挂照妖镜，肩披霞帔，肩上挂一个子孙袋，手臂缠"定手银"；下身着红裙、红裤、红缎

「凤冠霞帔」

日益复杂的婚姻程序

绣花鞋，一身红色喜气洋洋。新娘的这种服饰流传久远，在清代，尽管满族的服饰在中国大地占居主要地位，但新娘结婚也仍然要着传统服饰成亲，而绝不穿满族的旗袍成亲。

尽管中国人结婚的礼服大体一致，但各地的服饰风俗还是有一些不同之处。

江苏吴县一带的婚礼服饰颇为讲究。按当地的规矩，凡新婚的女子必须有三套服装在举行婚礼和婚礼以后穿戴。第一套是：棉裤，俗称"贴肉棉袄夹裤"，是男方迎亲时送给新娘穿的。第二套：头上戴珠冠，粉红色绣凤穿牡丹等花纹的花衣花裙，这是与花轿一起租来的，这一套仅在结婚的仪式上穿，以后就要脱下来的。第三套：土布衣，靛青色土布包头巾、靛青色土布加衫、蓝底白花印花土布裤、靛青色土布长裙、裹小腿的桃红色印花土布卷绑、蓝印花土布袜，绣花板趾头鞋，这一套是新娘在婚后的劳动时穿的衣服。

同在一个省份，在江苏的靖江一带的穿衣风俗就有很大的区别。在这里，新娘在出嫁的那一刻并不是穿最漂亮的衣服，而是把做新娘以后平时穿的衣服拿到迎亲的那一天穿戴：一身土布衣裙，当地的俗话称为"掸草衣、掸草裙"。这一风俗的流行是有一个典故的。

最初这种做法的起源现在可能已经说不清楚了，但它已成为一种习俗一直流传下来。

「凤冠霞帔」

> 据说靖江人的祖先是跟随岳飞从河南过来的，相传正当岳飞痛击金兵节节胜利的时候，秦桧陷害忠良，奏本诬陷岳飞，皇帝下十二道金牌召岳飞回临安。河南的百姓不想让岳飞走，一直跟到了靖江，住了下来。可是他们没有好房子住，结婚时也没有好衣服穿，岳飞便叫新娘把身上的土掸干净，就拜堂成亲了。从此为了纪念岳飞，这里的人们在结婚时就形成了"掸草衣、掸草裙"的风俗。

亲迎　新娘妆扮好之后，就准备着男家来亲迎，坐上花轿到婆家去。各地的迎娶过程中的各种习俗从古至今千差万别。

「旧时迎娶新人的队伍」

记载最早的亲迎之礼是在周代，礼仪隆重而又复杂，时间一般选择在晚上。当新郎准备出发前去接新娘时，父亲要向儿子敬酒。新郎穿着黑色的礼服，坐着黑漆的车去接新娘时，女家的父母这时会事先在宗庙内摆好酒席，然后到门口等待着新郎车子的到来。新郎来时会捧上一只雁作为礼物，对岳父母行叩拜礼，然后下堂驾上新娘坐的车，新娘这时也跟着出来，等待父母的训话。训话完了以后新郎扶着新娘上车，把车上的绳子递给她。随后新郎亲自启动马车，再才把车交给驾车的人。这时他自己坐上另一辆车赶到新娘的前面，以便到门口去迎接新娘。至此亲迎的过程就算大致完成了。

江浙一带的新娘在上轿时，要将一只放置炭火的铜火炉放进花轿的座位底下，意思是新娘到婆家后，婆家

「迎亲队伍」

像炭火一样兴旺发达。与新娘同去的兄弟在花轿行至一半的路程时，要从火炉中点一枝香带回去，让自己家里也一同兴旺发达。

在湖北、安徽、江苏等地有一种"压轿"的风俗，压轿也叫押轿。方法是当新郎去迎娶新娘时，要准备两乘轿子，一乘花轿，一乘呢轿，花轿给新娘坐，呢轿给新郎坐。但在迎娶的路上新郎却坐在花轿内，但呢轿也不能空，空轿子在路上走被认为不吉利，于是呢轿内便选两名端正秀丽的少女坐在里面，叫做"压轿"。

有的地方也以年幼的小孩压轿，当地的习俗认为有幼童压轿，新婚夫

日益复杂的婚姻程序

「迎亲队伍」

妇会多子多孙。这种做法实际上是人们对新人的一种美好祝愿。

在新娘坐花轿去婆家的过程中，双方都比较注重的一件事就是驱邪祛灾，祈求吉祥。这在所有地区的迎娶中，这都是一项比较重要的内容。大概是由于古代曾经有过的抢婚形式，在后世人们的心理上留下了过多的阴影，或者是迷信鬼怪的观念影响着人们的行为，因而，新郎唯恐新娘在路上遭逢不测，便想出了各种方法来驱除可能会遇到的灾祸，也为了让喜事顺利圆满，后来就形成了这样一种习俗。

在湖南是用一种撒筷子的方法来达到这种目的，当新娘的花轿启动时，女方的家人要赶紧把一把筷子撒出去，并在心里默告祖先：女儿已出门，开始新生活，求神灵保佑。"筷"与"快"同音，它也寓有快生贵子的意思。

在上花轿前，各地都有以各种方法去除邪祟的做法。在湖北、四川一带有一种"拦车马"的风俗。湖北鄂州地区的人认为，新娘出嫁时，本家族历代的亡灵鬼神都会跟着前往，因而途中可能会遇上各种神煞附身，会给男家的人带来不利，因此亲迎的那一天男方家要预先请一位方术之士，或者类似的人在门外设一个香案，上面供上香烛、酒、帛、雄鸡和米。等新娘的彩轿到来时，方士就开始祷告天地和车马神，并杀一只鸡，以禳凶神恶煞。最后再抓一把米向新娘的彩轿撒去，表示打退了煞神，新郎也同时向花轿的四周行礼，这时花轿才可以进门。

如果新娘一路平安地到达婆家，在安徽、江苏、浙江一带还兴"谢轿神"，也叫做"退轿神"。婚礼的当日，当抬花轿的人还未进门时，新郎就迎候在门口，花轿进门后，新郎要对着轿门焚香、行礼，感谢轿神一路上保佑了新娘未受鬼神的侵害，平安无事地到了婆家。花轿进堂屋，新郎把轿门打开，叫做"开锁"。

湖北民间有一句俗话叫做"抬头嫁姑娘，低头娶媳妇"，因此男家在这一天都要尽量谦让和大度一些。面对宾客们对新郎的极尽捉弄和惩罚，新郎在这一天都要克制和忍让，这一点北方与南方大致上是相同的。如河北冀中一带有一种打新郎的风俗,迎亲之日,新郎到女家后,要与新娘交换腰间系着的小铜镜和对把葱,这时负责传递小铜镜和对把葱的嫂子就会将一大把盐粒撒到毫无防备的新郎脸上,这种做法据说是要压一压新郎的性子,因为盐有杀性使之变软的作用,所以用这一招来杀新郎的大丈夫性儿,希望新娘过门后少受气。

也有一些游戏是戏弄新娘的。戏弄新娘一般可以有两个机会,一是当新娘在花轿中,二是在新娘下轿后。

「新娘出轿」

亲迎的习俗中,江苏沿海一带渔民的新郎官是最高兴的,方式也是最有味的,在那一天他们要经历一次和睦欢快、气氛热烈地迎新娘的活动。在结婚的前一天新郎要去把女方迎娶回家,这一天他要带上八大歌手,一到女家的门前就开始放炮,然后献上迎亲的聘礼。新郎一入堂间,女方的家人"哩啦哩啦"的俗歌就开始唱起来,曲调委婉缠绵,十分动听。随新郎而来的八大歌手与他们一起对唱,一直唱到通宵达旦,唱出个输赢才算告罄。赢者称为"洗咯",主人要奖给他们"龙咳",即烧熟的鸡、鸭。意为龙胎;而输者只能喝凉水。对唱完毕后,新娘哼着"哩啦哩啦歌"开始梳妆打扮,穿上新郎送来的上轿衣,戴上金银首饰,手提木制的轻巧摇橹,在迎亲人们的簇拥下,高高兴兴地随新郎出嫁了。这种习俗应该是一种比较健康而又轻松的出嫁风俗,这与渔民们常年累月地在大海上作业,养成了比较豪爽的性格有关。

综观亲迎礼仪中各地不同的风俗习惯,它们都蕴含着不同的观念和寓意。大致上可以归纳为这样几种:一是新娘上轿时的礼仪,这是一种即将以全新的面目出现在众人面前的隆重准备;二是上轿前亲友对新娘或者新婚夫妇给予良好的祝福;三是娘家和婆家的人驱除邪恶,祈求吉祥的心理;四是亲朋好友在迎亲过程中戏弄新娘或者对新婚夫妇恶作剧,等等。其中陋俗很多,也有一些良俗,内中的原因与中国的封建传统观念和当时人们生活的状况有着较大的关系。

日益复杂的婚姻程序

少数民族亲迎的仪式各地都有不同的内容，有的地方经济比较发达，迎亲的礼仪就繁复一些，而有些地方居住比较偏僻，经济文化相对落后一些，婚礼的仪式就比较简单了。有些少数民族的这种迎亲习俗基本上就是一种趣味无穷的斗智斗勇的成人游戏，大家在举办婚礼时，共同当成一次集体娱乐的机会，倒也适得其所。

拜堂之礼 拜的意义在于再一次的向众人（包括对方）昭告这一事实，这是一次正式和郑重的昭告，仪式也非常隆重，同时也充满着喜庆的意味，因此旧式的正式结婚也叫拜堂。

> 拜堂是汉族旧式婚姻中最后确定男女婚姻关系的一道大礼，它的意义在于：男女之间的关系已经上对天，下对地，内对父母高堂、男女双方，外对亲朋好友，结成了一种夫妻关系。它的意义还在于，天和地已经做了他们之间关系的最高见证，家中的家长也已经应允他们的关系，自己本人也认可接受了双方的关系，而且向外昭告了二人婚姻的成立。

当新郎把新娘接到家，举行结婚仪式就是"拜堂"，也叫做"拜天地"、"拜花堂"。

古代的六礼中虽然没有拜堂之礼，但是古代有婚姻之前要昭告祖先的习俗，它的最早起源应该是古人每逢大事都要到供奉祖宗的祭庙中去昭告，表示对祖宗的尊敬。到春秋时期，人们对自己的婚姻大事也要事先昭告祖先，因此后来逐渐地形成婚姻之前要举行昭告仪式的习惯，但它还不能等同于拜堂。

「喜堂」

由于古人对男女结合之事非常重视，所以后世才有了非常隆重而严肃的成婚之礼——拜堂。这一礼俗的最初兴起大致是在唐代，唐以前在北方地区民间有一种交拜礼，是在一种特设的青庐中进行，青庐是一种以青布幔做

「拜堂」

成的屋子，在门内门外的地方就叫做"青庐"。新婚的夫妇就在这个地方进行交拜，然后结成为正式夫妻。拜堂发展到后来基本上有三个程序，一是拜天地；二是拜列祖列宗，意味着向祖宗昭告这一婚姻的成立；三是夫妻对拜，夫妻交拜就意味着这一联结的郑重和承诺。

各地的拜堂礼大致上都相同，但在具体的习俗上，又有某些不同。在湖北的有些地方除了以上三种形式的拜礼以外，还要加拜亲友。

安徽的拜堂习俗就与江苏有一些相异。这里的拜堂是在高亢、嘹亮的歌声中开始的，而且鞭炮和礼乐都同时响起，在鞭炮和礼乐声中，一首首的歌开始唱起来，因此非常热闹。唱歌的歌手是新郎家特意聘请来的，他们手举红烛伴随着鼓乐唱起预示吉祥的"接房"歌，歌词的内容有对新人

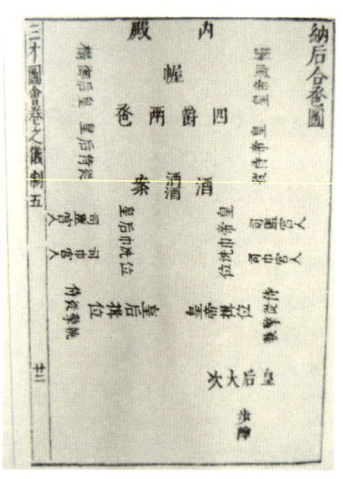

「拜堂」

的祝贺，也不失时机地把礼仪的程序唱出来。新郎新娘在人们的簇拥下来到喜堂，随着歌声拜天地、拜父母、夫妻对拜。拜完以后，司仪把手中的红烛换成酒壶、酒杯，再唱起"敬酒歌"，边唱边敬酒，一杯敬天，一杯敬地，三杯酒在大门边，接着还要唱"再敬酒歌"，这一次是敬新郎、敬新娘，最后还要高唱"交杯歌"，把两杯酒合在一起，重新分敬新郎和新娘，敬完以后，整个拜堂仪式才算结束。

> 汉族民间风俗在拜堂之后、入洞房之前，新郎新娘共饮交杯酒是一种流传已久的趣俗。交杯古代称为"合卺"，最早起始于周代。共牢合卺，用现在的话来说，就是共进饮食。共吃一牲，即共体；共饮一瓢，即去掉尊卑之别，连起来就是合体共尊的意思。

日益复杂的婚姻程序

卺是一种匏瓜，俗名叫葫芦。这种仪式的最初起源在何时，已经无可考，见于周代的文献记载是现在能够见到的最早史籍。后来由于生活器物的变化，人们已经不再用真正的葫芦瓢来做合卺的器皿，而改用当时所生产的器皿，如陶器等；后来的名称也出现了一些变化，合卺一词被喝交杯酒所替代，但是意义与古代还是一样的。

在各个地区这种习俗也出现了一些细微的变化，如楚国喝合卺酒的器皿在当时不是两个单独的、而是一个连在一起的器皿，湖北荆门包山楚墓中出土了一件凤鸟双联杯，全器为一站立的凤鸟双联杯，前为头颈，后为尾翼。凤鸟的腹部左右并列两个筒形杯，两杯相连处

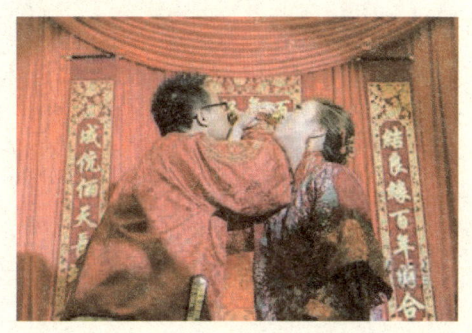

「交杯酒」

有圆孔相通，应为双人相并共饮之器。有学者考证，春秋时期的中原地区也有这种杯子出土，证明它就是古代婚礼上行合卺仪式时使用的杯子。两个杯子中间有一个孔，实际上是两人同饮一杯酒，这比将一个器皿一剖为二给两人作饮器更显亲密、更加融为一体。到宋代，葫芦被改成两只木酒杯，合卺被改为饮交杯酒。

> 宋代吴自牧的《梦粱录》上记有："新郎回房，讲交拜礼，再坐床，礼官以金银盘盛金银钱、彩钱、杂果撒帐次，命妓女（等于今日的女嫔相）执双杯，以红绿同心结绾盏底，地交卺礼毕，以盏一仰一覆，安于床下，取大吉利意。""交卺"一词大概就是"交杯"的前身。

闹洞房 拜堂完毕之后，入洞房的过程也是一件十分逗趣的事情。各地的人们都会利用这个机会大做文章，以使婚礼达到一个喜庆的高潮。

闹洞房在古代称之为"戏妇"或者"谑亲"，近代又称为"暖房"。这是汉族人的婚礼进入高潮中的一个最热闹的程序，它是在新人成婚期间，客人以新婚夫妇为对象，不拘于礼法地对新婚夫妇玩笑、戏弄、游戏的一种风俗。汉族人婚姻中的闹房习俗起源比较早，近世有学者认为在汉

代就有了最初的闹房习俗,根据是《风俗通》中的一段记载,"汝南张妙会杜士。士家娶妇,酒后相戏,张妙缚杜士捶二十下,又悬足指,士遂至死。鲍昱决事云:酒后相戏,原其本心,无贼宣害之意,宜减死。"

《抱朴子·疾谬篇》记载"世俗有戏妇之法,于稠众之中,亲属之前,问以丑言,责以慢对。其为鄙渎,不可忍论。或蹙以楚挞,或系足倒悬。酒客酗嚣,不知限制,至使有伤于流血,踒折肢体者。可叹也!"

闹房的两层意思,一是戏谑,即对新婚夫妇进行取笑玩闹;二是开性玩笑,即对新婚夫妇进行不正规的性教育或者某些人以获得心理上的一种满足。

既然人们对新婚夫妻有各种美好的祝愿,因此夫妻将要共居一生的洞房的布置是绝不能草率从事的。历代人们都把洞房的布置看作是结婚中的一件大事。在长江下游的江南一带,洞房的布置是以床为中心,新房的床一定要布置得尽如人意,让人无可挑剔,

「洞房」

而且其中的寓意一定是吉祥如意,等等。在苏州,洞房的床上要挂满"发禄袋"、"瓜瓞绵绵"、"必定如意"、"吉庆有余"等挂件;床的四面系围着艳丽的刺绣大红花床围;绣被叠成条形,像一条线一样的摆在床里边,绣花枕头高高地叠在被子上;床中央还放上红纸包着的甘蔗和如意,预示着新婚夫妻生活节节高,称心如意;床前还摆着一只子孙桶,桶中放着五枚煮熟的红鸡蛋,

「洞房」

预示着婚后新人五子登科；一张六仙桌放于洞房的当中，桌上摆着二幅方贡，龙凤花烛高高地点燃，桌上还摆满了食品、糖果。靠墙的大衣柜、裙箱等家具都整齐地摆着，上面都要贴满大红的喜字。

在新人进入洞房之后，旧式的婚礼中都有揭盖头这一习俗，而这一过程也成为婚礼中的一道游戏。首先是如何落坐的问题。按照汉民族的风俗，有"坐福"之说，意思就是谁先坐下，坐在什么位置，都有一定的寓意。苏州的习俗认为先坐下者，在婚后就会受压。因此在入洞房后，两个人都长时间的站着，互相推让，谁也不愿先坐下，时间磨得太久以后，亲友们都会在一旁催促、呐喊，一般都是新郎先作出让步，这时人群中就会爆发出一阵爽朗欢快的笑声，同时人们也会大叫着："怕老婆大大元帅！"，而后新郎新娘才会双双并坐在床上。

「揭盖头」

有的地方则大不然，湖北宜昌流行的是抢入洞房习俗，当地的人们认为在拜完堂以后，谁先进入洞房，就说明谁最能干，婚后就由谁来当家。鄂西地区的人生性好强，所以谁都想抢先洞房，这一种习俗也就流传下来。当司仪高喊："鸣炮奏乐，新郎新娘入洞房"时，未等鼓乐奏起，也不等鞭炮燃响，新人们就在人们的呐喊助威声中，穿过人群，拼命地向新房跑去。人们的情绪也因此而大振，笑声喊声把喜堂的屋顶都快掀起来了。这种入洞房的游戏确实健康而又有趣。但并不是每个地方都有这么喜庆的风俗，有些地方的入洞房习俗就带有相当浓厚的迷信色彩。有一种是当新婚夫妇进入洞房后，由伴娘扶着，盘腿坐在床上。男东女西任人取笑，不许还嘴说话，大约半个小时，这叫做坐富贵。

浙江湖州一带的风俗特别有趣，在拜堂结束以后，司仪拿出一条宽约一寸，长六寸的红绿绸带各一根，由新郎打一个结，再由新娘叠打上一个结，司仪在一旁高声叫道："同心结成双，恩爱万年长。"然后再拿出一面圆镜子给新郎照一照，又叫道："福星照明镜，明镜照新人，一照照出状元来！"喊声一落，乐队就奏起洞房喜曲，喜婆在亲人的脚下马上铺上一块麻袋，新郎新娘一前一后踏上麻袋徐徐直向洞房。走过一只麻袋，喜婆一边拾起后面的麻袋往前挪，一边铺还要一边喊："接代啊，传宗接代啊！"与此同时，一群陪新娘来的姑娘们拿着从新娘家带来的盐和泥土撒入新郎家的水缸，男方的一帮中老年妇女亲属则喊着"结缘义啊！结缘义啊！"在一片欢笑、祝福声中，新郎和新娘步入了洞房。

闹房习俗中一般有雅俗和陋俗两种，雅俗是比较文明规矩的闹洞房，通常只是喜庆式的逗笑或无伤大雅的游戏，而陋俗则是对新婚夫妇进行恣意的戏弄，或者对新娘任意的调戏，开一些不堪入耳的性玩笑，或者把新郎整得半死。

> 如湖北阳新就有一种名为"打喜"的活动，当夜酒喝完以后，由两个人化妆成正副喜官，再由几个人分别扮演"书房、酒房、歌房、马快、新娘母亲"等角色，再由客人中的一些人各自扮演一个角色，表演妙趣横生的小节目，形成一种小剧的形式，表演给新婚夫妇和客人看，博大家一笑，借此增添新婚的喜庆色彩。

这一习俗在阳新地区广为流传，也算是一种比较健康的闹房习俗。

江苏溧淮一带的闹房习俗也颇浓，一般是在过门三天之内，无分长幼，团聚欢呼，毫不为怪。

江苏淮安颇兴闹洞房习俗，而且闹得很过分。当地闹洞房的时间一般也是以黄昏之后送新郎入洞房的这一段时间为限。这一天成亲的人家要从众多的男亲友中选择一位能说会道的招待员，来应付闹房的人。成人闹房的目的在于侮弄新娘及伴娘。"淫词戏语，信口而出，或评新娘头足，或以新娘脂粉涂他人面，任意调笑，兴尽而止。婚家则百般忍耐，听其所为，而莫可如何也。"

江西吉安地区过去闹洞房的规矩十分粗俗野蛮。当闹新房之夜，无大小长幼之别，每叫一声，新娘就得向地下跪去，而受者不必回礼，闹新房者以此为乐，而新娘则要饱受膝盖之苦。

闹洞房一般都是以闹新娘新郎为主，有的地方却以伴娘为主要的调

日益复杂的婚姻程序

笑对象。江西萍乡就有一种比较野蛮的闹伴娘习俗。娶亲之家在举行婚礼之前一般都要请求媒人告知女家，必请伴娘一至二人，要求是容貌清丽，善长歌曲者。到迎亲之日，伴娘乘坐轿子而来。一般做客之人见有伴娘在此，便使酒纵情，任意调笑，甚至偷香苟合，无所不至。少则三五日，多则一二月，随婚家之贫富为转移。至亲好友，一听说伴娘美丽，无论远近，便接踵而至。本来欢乐美满之事，竟被此等丑恶之举所败。此种陋俗，在伴娘显然是为金钱而来，虽然声名狼籍，也在所不惜。而在婚家，则是为了自家的新娘免受调笑之欺，无奈之中的权宜之计。

┃颇具特色的婚姻形式┃

在我国古代的婚姻风俗史上,还有一些在一定的时代、一定的环境中流行的婚姻形式,它们与我们今天以正常的眼光来看的婚姻相比,可以算是比较特殊的嫁娶方式。这些嫁娶方式有些是历史上流传下来的,它们一直流传到近现代。

颇具特色的婚姻形式

历史上流传下来的比较特殊嫁娶方式有很多，比方说纳妾制、多妻与多夫、走婚、入赘与养媳，等等。有些则是在特殊的情况下形成的一种特有的婚姻形式。比如媵婚制、招夫与典妻、试婚，等等。相对于那些正常的婚姻来说，它们的阶段性和局限性要大得多。它留给我们更多的是沉重的思考。

地位迥异的小妾

纳妾是我国的一种特殊的婚姻形式，它的起始应该是从男子在婚姻生活中处于主导地位后开始的，但是最初以一定的法规来确定却是在周代。按照古代的一些典籍的解释，"妾"最初的意思是"接"，就是说妾可以接见君子，但不能与君子结为夫妻。这种解释就划定了妾的地位只能是处在低于妻的位置上。

妾的来源最初有一些是犯罪的女子，有一些是男子出钱所购买，还有一些是私自与男子结亲，而不具备结婚礼仪的女子。这些人的身份只能是妾而不能是妻。周代有关礼仪方面的一本书《曲礼》上规定：天子有后、有夫人、有世妇、有嫔、有妻、有妾。妾被排在最末的位置上，可见地位之低。

当时纳妾的形式在中原地区比较流行。王公贵族中有一句比较流行的话是：买妾不知其姓，则卜之。就是说被买来的女子不知道姓，只能用占卜的方法来确定，说明她的地位之低。由此我们可以知道当时的贵族纳妾已经成为一种流行的风气。

在长江流域一带，纳妾的风气也蔓延得很快，当时各国的君王都是妻妾成群。楚国的君王除了有正妻以外，还有妾多人，而且她们之间似乎也相处得很好，从楚庄王身上发生的一件事情可以看出其夫人虞姬已经习惯了这种关系的存在。有一次庄王下朝回家，脸带笑容，一副十分得意的样子。虞姬忍不住问庄王，是什么事使他这样高兴，庄王回答说是因为得了一个好臣子。但虞姬听了这话却不以为然，她举例对庄王说："我为了您的高兴，每每看到有美貌的女子，都要把她纳为您的妾，为的是能尽到一个做妻子的责任。而您的令尹却从来没有为您进献过一个有用的人材，这怎么能说得上是一个有用的人呢？"虞姬的这番话反映出当时的楚国女子对于纳妾之事已经能够泰然处之，甚至能够去为丈夫物色合适的女子作为她的妾。其实，楚庄王在刚即位时，年纪还很轻，就开始左抱秦女右拥越姬了。这就是说，楚国的纳妾之风兴起得还是很快的。当时的吴国也盛行纳妾，春秋时期，吴王阖闾也是妻妾成群。著名军事家孙武到吴国去时，吴王想检验他的兵法，就让他来训练自己的妻妾，结果吴王的妻妾排成了两大队人马，后来也居然在孙武的指挥下训练得有模有样。

　　长江流域后来的纳妾风气已经与中原地区大体一致，只是在具体的习俗方面有所不同。

　　在少数民族的婚俗中我们很少发现纳妾的现象，但是却看到了一些一夫多妻或者一妻多夫的习俗，这与长江流域的汉族是有所不同的。

　　彝族的婚俗中有一部分是一夫多妻。这种情况一般都有所限制，一种是在少数贵族统治阶级内发生，那只是少数有钱人的享受。还有一种就是当结婚多年后，正妻仍然不能生育时，丈夫可以考虑再娶一房妻。出现这种事时，丈夫首先必须征得正妻的同意，同时还要泡酒打牛向妻子赔礼，才能进行。普米族人中的有产阶级往往都是一夫多妻。

　　少数民族中比较流行多妻与多夫习俗的民族，是居于长江上游的藏族人。藏族的家庭基本上是一夫一妻，但残存着不少的一夫多妻和一妻多夫的婚姻形态。一夫多妻这种状况的出现，一般只在有一定条件和背景的地区。藏族过去是一个农奴制的民族，成年男子大多数要当喇嘛或者出门当差，因此男子数量严重不足。因而有一些家庭就不得不由几姐妹共一个丈夫，其中还有母女共夫的现象。发生母女共夫的原因也有两种，一种是男子丧偶后再娶，如果续妻携带的女儿也正值适婚年龄，那么只要母亲同意就可以形成实际上的母女共夫。在名义上丈夫仍然是母亲的。

　　一妻多夫的情况与一夫多妻的情景大致相似，有时共妻还存在于父子之间。这种情况的发生一般有两种原因，一是比较富裕的家庭，一是比较贫穷的家庭。富裕的家庭由于男子丧偶，儿子也正当婚龄，为了自家的祖业不分散各处，同时也为使家中有劳力支付差役，就由儿子出面娶妻，

颇具特色的婚姻形式

然后形成父子共妻。父子各有居室，女子轮流与父子同居，家庭中仍以父亲为户主。父子间的称谓不变。儿子与女子间是夫妻关系，所生子女称父亲为"波拉"即爷爷，称儿子为"巴拉"即爸爸。贫穷的家庭是因为男子丧偶后，就续娶一位年轻的妻子，而让前妻留下的儿子称继母为阿姐，目的就是为了待他长大后，与老父亲共这一个年青的后母。这种事情往往发生在经济比较拮据的家庭。而那些不是因为贫穷，而是因为富有才实行兄弟共妻的家庭，原因大致上与富裕家庭父子共妻相同，目的是为了便于世袭承继的财产官爵权势等不致于分散。在这种情况下的共妻形式一般是这样的：如果一家有兄弟数人，则由长子一人出面迎娶，婚后逐渐形成兄弟共妻的局面。兄弟之间共妻，他们的关系是这样处理的：妻子一人独居一室，兄弟各有居室。入妻室者，事先将一件物品悬挂在门上，以避免误入。等以后兄弟各有了子女，则都以大哥为阿爸，其余的兄弟都被称为"阿枯"，即叔叔。也有朋友之间共妻的现象发生。在四川、云南、贵州等地的藏族人中，一妻多夫的情况是这样的：当家中的男主人外出或者主人家缺乏劳动力时，这家便与他人合并为一家，成为共妻关系，但一般与后来者不再举行婚礼，而后来者一般也不能做家长，只有当主人死后，后来者才有可能当这家的家长。藏族地区的城乡普遍存在这种现象，而他们一般也都为家庭和社会所承认。

生活在长江上游的羌族人，也部分地保留着这种婚俗。在羌族的统治阶级中，历史上曾流行一夫多妻的风俗。在多妻的家庭，妻子之间不分长次，一律平等，家庭中的当家权采取谁能干谁上的规矩，这与汉族的婚俗是有比较大的差别的。另外还要说到的是在长江流域的汉族居住的地区，也有极少一部分一夫多妻的习俗流行，那是在一种特定的情况下出现的婚姻形式。如在湖北的江汉平原一带，如果弟兄两家只有一个儿子，为了使两家的香火不断，儿子成人后两家各为他娶一门媳妇，日后生子各自承继自家的香火，这种情况叫做一子挑两门。

现实考虑的走婚

走婚是我国少数民族中特有的一种婚姻习俗,特别在长江流域的少数民族中比较流行。走婚就是男女双方组成婚姻家庭以后,在一段时间以内,双方并不经常住在一起,或者是在举行完婚礼以后,双方就各自回到自己原来的家,过着如过去一样的单身生活,直到几年以后,双方才正式开始婚姻生活。走婚也叫"不落夫家"。

苗族人的走婚习俗是这样的:当结亲的时候,双方仍然以正式的送亲迎亲的仪式举行婚礼,新娘到男家后,新婚之夜不能与新郎同房,只能由男方的姐妹陪伴度过这一夜。第二天中饭后,新娘就与送亲的人一道返回娘家,三四天后再由新娘的父亲或叔伯陪同送回男家,这一次才能与新郎圆房。即使这样,新娘也只住几天就又重新返回娘家,直到来年的二月才又来到婆家,住上十来天后,再一次返回娘家,等到插秧打谷的时节才又回夫家,当劳动完了以后还要返回娘家。这样来来回回往返两三年后,才举行一种叫做煮饭的仪式,因此在这之前新娘是不能接触婆家的灶台和炊具的。在煮饭仪式上,新娘把自己煮好的饭供祭祖先,再于当天或者第二天由婆婆等人送她回娘家,婆婆请娘家中的亲戚作陪,同时女儿这一天也以客人的身份出现在酒席上。举行了这一仪式以后,她就不能再接触娘家的锅灶,也不能再回娘家居住了。表示她从此结束了女子的走婚生活,开始定居男家了。

居住在四川盐源一带的普米族人中,不落夫家的结婚形式也颇为盛行。女子在婚后,常常要在娘家和婆家之间往返多次,才定居婆家。与此相应的婚礼仪式也要举行多次。第一次迎娶称为"黑婚",最为隆重。婚前请巫师择吉日。迎娶前,男方还要送彩礼,迎娶后新娘在男方家只住三天就返回娘家。直到一年后新郎再去把新娘接回来,这一次还要举行仪式,称为"白婚"。这一次新娘在男家又只住几天后,还可以偷偷跑回娘家。一年后新郎要选一位亲友陪同,还要带上一些礼物再次去把新娘接回家。新郎第三次去迎新娘,女子可以同意回去,也可以因为不满意男方而拒绝回去。此后新娘一旦怀孕,就必须到男家举行坐家仪式,从此便要

颇具特色的婚姻形式

长期居住在男家了。像这样一套繁琐的礼仪，普米族人把它称作"三回九转"，真是一点也不过分。

布依族人的走婚习俗又有一些独特之处。当青年男女结婚那天，新娘都由女伴陪同住在邻居家中，这样到第二天就返回娘家。此后只有逢插秧日、收禾日才返回夫家，白天与家人一起劳动，夜晚和小姑同宿。这样也只有一两天的时间，然后就返回娘家。如此反复三五年后，夫妻才同居。布依族人把这种传统的婚俗叫做"坐娘家"。坐娘家的长短一般以双方年龄的大小和感情的好坏来决定，一般情况下是一两年后就开始住夫家，有的可以到三四年甚至十几年。但是，在婚姻很不自由的旧中国，布依族人民也只有在私下里进行反抗。新中国成立后，布依族人民对自己的婚姻风俗进行了一些改革，坐娘家的时间大大缩短，有的在婚后马上就住到婆家去了。

「云南泸沽湖走婚桥」

走婚的习俗反映的是一种母系氏族社会的从妻居向父系氏族社会的从夫居过渡时的一种风俗残余。

入赘与养媳

男子入居女家的婚姻，在我国的传统习惯上称为"入赘"，汉族人又叫作"上门婚"、"上门女婿"，等等。入赘女婿的情况大致上有两种，一种是养老的女婿，他终生住在女方家中，对妻子的父母负有养老送终之责。还有一种是男子住在女家的时间是有期限的，时间住满以后，就可以携带妻子一起回到自己的家中。这种情况类似于以劳役的形式为妻家服务，以代替聘礼之财。

> "赘"这一词语的意思,按照司马迁所著《史记》上的解释:赘婿为女子的丈夫,好比岳家的一个儿子。也就是说男子到女家,是一种不合适地加入。

史书上的记载表明,赘婿婚是从战国时期的秦王朝开始的。当时齐国有个叫淳于髡的人,曾作过齐国的上门女婿。到商鞅变法时期,秦国公开提倡:家贫子壮则出赘。这在当时不失为解决贫困家庭男子婚姻问题的有力措施。但是赘婿在当时的地位却是很低下的,秦始皇把赘婿与逃亡者及商人放在一起,这些人成为戍边的首选者。到了汉代,赘婿的地位之低,比秦王朝有过之无不及,入赘的男子甚至于不能充当小吏。但无论赘婿的地位如何低下,总有一些生活贫困的男子,在不得已的情况下走入这条摧眉折腰之路。但古代招赘女婿的也并非都是贫寒之家,也有富贵人家不幸只生有一个千金的,只好采取招赘的方式,来求得半个儿子,以防老来无靠,家门无后,业继无人。这种人家如要招女婿,往往令好势者趋之若鹜。历史上有名的朱买臣和梁鸿就曾作别人家的上门女婿。赘婿大致有两种情况,一种是前面所讲到的未婚的女子招赘男子上门,一般称为上门女婿。还有一种是寡妇招赘男子到原夫家门,成为原夫家的顶门人,这种情况与上未婚女子的家门有所不同。在黄河流域和长江流域招赘的现象没有多大的不同,所不同的只是习俗上的区别。

在贵州省的部分地区,流行的招赘婚被称为"坐山招夫"。这种婚姻的风俗与娶媳妇基本相同,只是结婚时是新郎由男方家的亲友送上女方家门。新郎也如新娘一样,要穿新衣披红布,骑着马到女方家来。新娘这时就担任在门口迎接新郎下马进门的角色,并把红布挂在大门口,这就叫做上门。一如新娘进门一样,新郎跨进大门,与新娘行结婚礼仪,如拜天地、拜女方家的祖宗,然后在喜娘引导下进入洞房,等等。仪式的相同就是为了表明女子招婿与男子娶妇是同一性质的事情。

在湖北松滋一带历来盛行入赘之风,入赘女婿不受世俗歧视。房县一带这种风气更盛,有的家中无论有几个女儿,都要一一招婿上门,而儿子却反而都一一"嫁"出去。这种现象大概是由当地的社会生活和经济生活

颇具特色的婚姻形式

的习俗决定的。

上海浦东、南汇等地流行的招赘婚中，上门女婿也要进行一大套与过门媳妇相似的礼仪规则，在未举行婚礼前，女婿先要上岳父母家"过门"、"还望"和"邀还"，然后再举行婚礼。

湖南的不少地方也都流行招赘的风俗，《岳阳风土记》上说："湖湘间生男赘，生女反招婚，为妇家承门户。"就是说由于这里盛行招赘婚的风俗，人们往往不重生男反重生女。湖南慈利县的民谚这样说道："养女攀高门，养儿满地滚。"重女轻男之心，随口道出。一般的家庭中儿子往往去给别人家作上门女婿，而女儿则留在家中等待招婚。男子在女子家中成为为岳父母家承继门户，劳作养家之主人。他们往往也任劳任怨，这就是风俗的力量。

为了使入赘的女婿在女方家中安居下来，不至于逃跑，有些地区对入赘的女婿采取了一些限制的措施。如四川某些地方的男子在入赘时，要向女方家庭缴一定数额的钱财，叫作"系脚钱"，目的是防止他中途逃跑。由此也可以看出入赘男子社会地位的低下，他们在心理上是多么不愿意成为入赘的女婿。

少数民族中的招赘婚仪式比较简单。比如壮族的招赘叫作"上门郎"，这种婚姻中男家所付出的钱财比较少，有些甚至不用交聘礼。婚礼一般由女方的母亲主持，地点也选在女方所居地。但婚后所生子女要随妻姓，有一部分也可以从父姓。女婿对妻方的财产有继承权，并有抚养岳父母的责任。

藏族的招赘婚叫做"玛巴连巴"或"玛巴卓哇"。藏族女子招赘的原因大体上也是因为家中女儿多，没有儿子，缺乏劳力。或者家庭中有子嗣，但出家当了喇嘛，所以要招个女婿进门。在藏族的风俗中男子入赘并不是一件丢人的事情，入赘的男子与娶媳的男子在地位上是完全平等的，没有贵贱之分。因此藏族地区的男子并不在乎入赘与否。

与招赘相对应的一种特殊婚姻形式是养媳。所谓养媳就是男方家庭在儿子尚年幼时，就为他领养或者买一个年幼的小女孩作为他长大后的媳妇，这主要是汉民族的婚姻习俗。它从三国时期就开始出现，直到新中国成立前一直都很盛行。它的最初原形可能就是春秋时期媵婚的侄娣，以侄女或妹妹的身份随嫁的女子，年龄必定不会很大，她们在男子家中就像待嫁的童养媳，等到长大后，就成为姑父或姐夫的后妻或小妾。在东南沿海的少数民族中，也出现这种收养小女孩为待嫁之媳的风俗，到后来，这种婚俗流行得就比较普遍了。

在四川，这种童养媳的习俗，当地叫做"小抱"、"后成妇"、"凭长媳妇"，等等。这种女子多是贫穷人家的女儿，父母养不起，很小就送给别人家做童养媳；或者是父母早逝，只得托人做媒，与某家的男孩子定婚，抱送夫家抚养，待长成后完婚。

江西南昌一带把收养童养媳叫作"屯娘子"，意为收养女孩如购货屯于家中备用，等将来成亲做新娘。在江西南部，把收养催生儿子的童养媳叫做"花等女"。一些没有儿子的人家，先抱养媳妇，再催生儿子，如果日后果然生了儿子，待双方长成后就结为夫妻；如果以后还是没有儿子，只好把收养的女子作为义女，等她成年后嫁人。或者另外再抱养一个义子、招赘同族青年为嗣子，与义女完婚。送养"花等女"的人家既无彩礼，也无婚书，只需要开一张庚帖，就把女儿送给人家了。而抱养的人家也只需要拿出少量的蛋或者酒给女方家庭，就可以收养了。童养媳长大后与丈夫成婚的过程也很简单，一般只做一套新衣服，在邻居家中穿好，然后过婆家来与夫婿拜堂成亲。这种童养媳成亲的形式叫做"圆房"。

在湖南宁远等地，养童养媳则是另外一种原因，当地的习俗是结婚看重女子的陪嫁。往往嫁女要花一大笔钱，致使一些贫穷人家生了女儿，害怕今后陪不起嫁妆，便早早地自己出钱把女儿送给别人家去做童养媳。由于童养媳之风的流行，使这一地区的溺女风气反而得到抑制。生女的人家也不再有溺女之患。在桂东、永州、安仁、醴陵等地方，为未成年的儿子抱养一个小女孩作童养媳，也是一种流行的风俗。尤其是穷家小户或者寡妇独子之家，更是赶在男女还在襁褓中时就赶紧为儿子抱养一个女孩，以了却今后要付出大笔聘礼的心腹之忧。这种血盆抱养，在当地叫做"婆养媳"。因为小女孩必须得在婆婆的抚育下才能长大，有的还要靠吃婆婆的奶才能得以活下来。

招赘婚与招夫都指男子入居女家，但它们在某些方面是有所区别的。前者是未婚女子招婿上门，男子入居的是女方的家庭，然后改为女家之

颇具特色的婚姻形式

姓。后者的男子入居的是女子的前夫之家，入居后承继的是女子前夫家的香火，因而两者实际上是不同的。这种习俗在南方流行得比较多一些。这种招夫的情况在古代叫作"接脚"。在元曲《窦娥冤》中，张老汉想与窦娥的婆婆联结的就是一种接脚式的招赘关系。

湖北也有寡妇招婿上门的风俗，当地叫做"坐山招夫"或"招夫养子"、"招皮老"，等等，但此地寡妇招夫的习俗是，事先需通过原公婆和家族的认可，方可进行。湖北巴东以寡妇招赘女婿的习俗分两种情况，一种是寡妇年龄尚轻，孩子年幼，便招一男子上门既作丈夫，又养儿子，这叫做"抚子承差"。还有一种情况是老年丧子后，便以寡媳招赘一名女婿，赘婿既抚养妻与子，又赡养了老人，这种情况在当地叫做"陪儿"。这两种方式都是在万不得已时才采取的，当地人把这看作是很丢人的事情，因而很看不起这种行为。

在上海等地流行一种寡妇招上门女婿的风俗，叫做"拜寡孀"。他们不举行正式的结婚仪式，而是在一种非正常的状态下完成结婚的过程。在入赘的男子上门之前，就与寡妇约定好日期，到时男方邀请一伙朋友作伴，带着日用的食品和一把锁，傍晚时撞到女方家中，在寡妇假装的反抗中，他们大放鞭炮并在此时与寡妇拜堂成亲。如果此事遭到寡妇公婆的反对，男子就用随身带来的一把锁把公婆反锁到房子里，然后烧火做饭欢饮聚餐，造成让公婆接受的既成事实。婚礼完毕后，男子就从此居于女家，成为寡妇招赘的女婿。这种情况一般还是属于自愿的，当然有时也有强迫成亲的。

> "典妻"是一种在中国的少数地区流行的另一种婚姻形式，它的意思是女子与丈夫暂时断绝夫妻关系，另与其他的男子一起过一段时间的生活。

所谓典者，顾名思义就是租借雇佣的意思。丈夫把妻子在一段时间内租借给别人，以获得一定数量的租金。而租借者为了某种利益而花一定的钱财，把别人的妻子租到家中，与其共同生活一段时间再还给女子的丈夫，这就叫做典妻，因此典妻也叫租妻。典妻一般由丈夫作主，经双方商定价钱后,写好文书,租典关系就算确立。丈夫到期限时再用一定的价钱去把妻子赎回。如果丈夫没有能力赎回,出典的妻子将永远归受典人所有。典妻的婚俗在我国不是很流行,仅在长江中下游地区存在。

> 元朝时南方典妻雇女的风俗比较盛行,明代的大小说家冯梦龙在《寿宁待志》这本书中谈到,当时这里的人们有时为了一点钱财上的周转不及,就可以把妻典出去,并且毫不讳言这种事。有时也是为了别人家需要生个儿子,而把自己的妻子暂时典出去一年,生完儿子后再归还给自己。在浙江的奉化,还有寡妇因为家贫养不活自己的孩子,而自典其身,给别人做一定时间的妻子,到时候再解除典约,这在当地叫做"寡妇出典"。我国现代小说家柔石的一本小说《为奴隶的母亲》,就是写的贫穷人家将妻子典给别人生儿养子的事情。

婚姻的解除与改嫁再娶

中国从春秋时候开始，就有了婚姻死亡后，男女之间解除婚姻关系的事例。这种婚姻关系的死亡不是指婚姻当事人的消亡，而是指婚姻被人为的解除。

不平等的夫妻离异

中国古代一般都把离婚看作一种不体面的事情，因而封建的法律对它制定了种种的限制。我们现在能见到的最早的婚姻解除的事实，是在春秋时期。这个时候一般都是由男子单方面的解除，而且没有什么具体的规定。比方说在楚国当时的事实是，男子只要对女子不再心存爱恋之情，可以随时解除关系，但不限制她们今后个人生活的出路。春秋中期有一位名叫弃疾的楚王，他在做王子时爱上一位姑娘，后来娶她为妻。当弃疾做了楚王后，又把她带回王宫，但后来另有了新欢便厌恶她，不再承认与她的婚姻关系，听其自便。于是，这位与楚平王一起共过患难的女子就只好回到自己的娘家。

先秦之后的各朝代，对于离婚一事有了更多的习俗和法规，汉代制定了较先秦更为完整的法律，其中有关于婚姻的户律，但是很可惜，没有关于离婚的规定保存下来，只是从史实中我们可以找到一些离婚的事例，其中就有官员离婚须报上一级长官批准这样的例子。宗室的女子与丈夫离婚也要经宗正司审核，而现役军人的离婚则要以军人的意志为主，并有专门的条文规定，看来我们今天法律中保护军婚的条例，就是中国古已有之的法律。

唐代的法律开始规定有几种情况是可以准予离婚的，比如丈夫犯罪或逃亡，以及妻子犯罪的，对方都可以根据法律规定提出离婚，这与我们现代的离婚法大体相似。南北朝时期的规定更为宽泛，士大夫如果有违背名教，受到乡人议论指责的，其妻子可以提出离婚要求。宋代对于妇女的压制相比以前的朝代而言，是大大加强了，因此出现不少丈夫、公婆对女子的虐待，因而元代就针对这一情况，制定出一些准许离婚的法律。元代的刑法规定：如果丈夫无理打伤妻妾，以殴打致伤论罪，并且准许妻妾离婚，如果公婆无理虐待儿媳，法律要给以鞭打三十七下的处罚，并且准许儿媳返回娘家，婆家不许追要聘礼。明清时期对于这种情况下的离婚，也是给予法律保护的。对于夫妻之间互相打斗的，是否离婚，听任双方自愿；如果是公婆无理虐待儿媳，法律就站在儿媳妇一边，判决儿媳可以回到娘家，不再成为这家的儿媳。

婚姻的解除与改嫁再娶

除了以上两种离婚的情况外,民间还有一种协议离婚的事实。古代夫妻之间的关系标榜"以义合",也以情合,因此,如果情义皆无之时,国家也规定有合离之法,也就是现在所说的"协议离婚"。唐代的户婚律上就规定有这样一条,说是夫妻二人如果相处得不和谐,而二人经商量后,同意"和离"者,法律不追究他们的责任,也就是说听其自便。

以上所说大致上是官方规定的离婚礼法,其中有一部分是属于法律的范围。民间的风俗虽说是国家法律的一个基础,但古代人的法律意识比较淡薄,民间老百姓要想脱离夫妻关系,有不少仍然是按照自己的风俗习惯来进行的。

春秋时期诸侯如果离弃自己的妻子,一般来说是派使者送夫人回到自己的娘家,一路上她们还是享受诸侯夫人的礼仪,一直到送到家。这时妻子向自己的娘家人说明回家的理由后,她与丈夫的婚姻就算了结了。夫家的使者和妻子的娘家人互相之间还要说一些冠冕堂皇的话,如夫家的使者对妻子的娘家人说:某某行事不敏,不能与妻相随相伴,共事社稷宗庙,特派某某人来大胆地告知,早请见谅。女方家的长辈这时则要谦恭的表示:某某的女子不肖,实乃前此教之不足,不敢不敬承旨意,在家待命。双方如此这般虚与委蛇一番,以示礼节。至此,离婚的仪式就算完成。卿大夫等官员的出妻方式也大致如此。

唐代的民间离婚采取一种写离婚证书的形式,民间风俗规定证书由丈夫及男女两家的尊长签署,并由邻居作证方才生效。在离婚的整个过程中,妻子完全被排斥在外,没有任何发言权。宋代人洪迈所著的文言志怪小说《夷坚志》记载,湖南长沙,流行由丈夫签写离婚书交付其妻的习俗。书中写了这样一个故事,湖阳地区有一个人先娶王氏为妻,王氏死后,他又在长沙娶了张氏为妻。张氏生孩子后得了重病,大夫治不好了,她的母亲深为忧虑,于是便找来巫婆来为她诊治。巫婆看后说道:非得要丈夫仿效民间夫妻离婚之举,写一封休书给妻子,此病才得痊愈。为了救妻子的命,不得已,这位丈夫挥泪写下了休书一封,交给这位巫婆,巫婆要妻子手拿休书诵读。妻子于是手执休书,恸哭失声,不忍卒读。这是当时的一种比较少见的风俗。更多的是,在纸上摹出自己的手印,以代替离婚书。这一习俗一直到元成宗时,才由朝廷禁止。朝廷规定一定要写明休书，离婚才能生效。

在四川地区流行一种叫做"生人妻"的婚姻形式，这是一种离婚后再嫁的习俗。这种风俗一般都发生在贫穷的人家，在这种家庭，由于夫妻不和，再加上生活过不下去，妻子往往丢下丈夫和儿女离家出走他乡，不需要任何手续就可以改嫁他人，因而叫做"生人妻"。这种事实上的离婚，应是由于环境的原因造成的，它也是在下层社会的夹逢中，贫苦人家无奈的选择。

渐行渐起的女子改嫁

男女在成婚之初大多数抱着美好的愿望，不管是父母包办也好，是自由恋爱也好，在新婚的日子里，大多数还是如古诗里所描述的"宴尔新婚，如兄如弟"。然而现实生活比诗中所赞美往往要残酷得多。由于婚姻的结束，有的独身男女就要寻找新的伴侣来渡过自己的余生，于是再婚就成为曾婚男女面前的一个问题。封建时代，男子的再婚是不存在问题的，问题是女子再嫁往往不能尽如人意。女子再次成为独身者的原因一般有两种，一种是由于丈夫的死亡，另一种则是女子与丈夫离婚，成为自由人。这两种情况一般以前一种情况较为常见。

女子的再嫁在中国的历史比较久远了，自从有了成文或不成文的婚姻法规的时候起，男女之间就会因为各种原因解除他们的婚姻关系，而不再有婚姻关系束缚的女子，有一部分可以重新按照自己的意愿与别的男子组成新的家庭，或者被动的被别人主宰命运而重新嫁人，这就是改嫁。

春秋时期，女子的改嫁一般都比较容易，没有很多的清规戒律，也不需要繁杂的手续，只要男方宣布与她解除了婚姻关系，她就可以重新结婚。我们在前面曾经提到过楚国的几位楚王，就曾经历了这样的情况。如楚文王曾娶寡妇为妻，楚平王的妻子在被他遗弃之后，又改嫁他人。楚国的官员与大夫也都不计较女子与否再婚，只要中意他们就会与她结婚，如陈国的夏姬在楚国与好几位官员结过婚。到了后世，女子再婚的情况也比较普遍，只是禁锢较前而言要多一些。后世的法规对女子的再婚做了不少的规定，舆论对女子的改嫁也大多持反对态度。如汉代人总结前人的礼仪

婚姻的解除与改嫁再娶

规范之书《礼记·郊特牲》上就这样写道："一与之齐，终身不改，故夫死不嫁。"但是法规上规定的条文与现实中人们观念并不总是完全一致的。到汉代时，女子的改嫁仍然被人们视为比较平常的事情，前面讲到的"文君夜奔"的故事，就是汉代的女子自己作主改嫁他人的事例。西汉时期的朱买臣的妻子自己离去后，就改嫁给另一位男子，后来朱买臣当上高官，富贵以后，还把他们夫妻接到家中，他的前妻感到后悔，回家后便自杀了。唐代女子改嫁的事情更是不足为奇，帝王之家的女子成为寡妇后，一般都不会独身到老，大多数是重新嫁人，有的公主一生中要结好几次的婚。皇帝也娶再醮的女子为妻，在当时是一点都不奇怪的事情。宋代以及以后各个朝代的法律在原则上仍然允许妇女改嫁，只是在实际生活中的禁锢要严格一些。女子改嫁的习俗在中国的各个朝代都一直存在着，因而遗留下来的各种风俗我们从后来的民俗中可以找到一些痕迹。

汉族的婚俗中把寡妇改嫁一般称为"再醮"。在上海地区过去有一种强迫寡妇改嫁的习俗叫做"扛醮"。一些打算娶寡妇为妻的人，事先不征求寡妇本人的意见，只暗中贿赂当地的豪强，用金钱利益诱惑寡妇的远房长辈，私下里事先立下婚书，然后乘黑夜之时，纠集一伙人，冲进寡妇的房中，把人强抢进轿，造成既成事实，与寡妇成婚。这是一种强迫妇女的行为。在江苏奉贤这个地方，娶寡妇为妻流行这样一种风俗，叫做"拜寡孀"。在寡妇与后来的丈夫议定好结婚的日期后，男方到时邀请一大伙朋友作伴，带上大米、鱼肉、油盐酱醋等物以及一把锁，在傍晚时分突然闯进寡妇的家，在一阵鞭炮声中与寡妇强行拜堂成亲。然后夫妻二人在亡夫的灵台前三鞠躬祭拜，此后男子就居住在女家，成为这里的主人。

在湖北地区，人们把寡妇为抚养幼子而再嫁的婚姻叫做"抚子承差"，这是一种有正式婚约的婚姻。湖北地区还有一种寡妇改嫁的形式，其原因不是因为子女幼小，而是因为夫家的老人老来丧子，无人赡养，只好以寡媳来招他姓入赘，这种形式叫做"陪儿"。这也是贫苦人家在万不得已之时采取的一种办法。

湘西苗族的妇女改嫁是一件相对来说比较平常的事情，但仍然有一些禁忌。如果是丈夫死亡的守寡妇女，改嫁前要为亡夫守孝三年，而且在出嫁前还要到亡夫的坟前去给他烧纸、修墓，然后再出嫁，才被视为合法。

而男子的再娶，则不需要这么多的规矩，只要有合适的对象，他们什么时候都可以续娶。

湖北郧县对寡妇改嫁的态度从当地对寡妇再嫁的习俗中可以清楚地显示出来。当寡妇无论出于自愿还是被迫改嫁以后，从原夫家出门时，不能从大门里出来，只能走后门，这种做法大概是表示寡妇改嫁见不得人的意思，然后寡妇在出嫁前，还要到前夫的坟上去焚香烧纸，进行叩拜，然后才能脱去素衣，换上新娘装。这一切都是夫权意识和对妇女的歧视所造成的。

如果是丈夫正常死亡，妻子也可以改嫁，少数民族有着自己不同的习俗。当布依族人妇女的配偶亡故后，她可以再婚，但前提是必须征得原夫家的同意。在北盘江一带，新夫还必须供给妻子前夫公婆寿材和养老费之后，才能带走妻子。惠水一带则要由新夫付给妻子亡夫的烧灵费用。这是一种经过改变后有所进化的已婚女子专属男家的遗俗。

湖北郧西县也有以抢的方式强迫寡妇再婚的习俗，强迫的方式一般有两种情况，一种是女子原夫家的人的强迫行为，如当某家女子的丈夫死后，婆家人私下里将其卖给另一家男子，而女子不从，要娶的一方，就会偷偷地组织身强力壮的男子趁黑夜里来抢亲，另一种情况是再娶男子的强迫行为，如有人家想娶，而女子不从，男家也会组织人来强抢。

随心所欲的男子再娶

与女子的再嫁相比，中国古代的男子再娶清规戒律要少得多。就一般意义上而言，男子的再娶是指其妻死亡，或者男子与其妻离婚后的再婚，但是中国的情况并不完全如此。中国男子的再娶与女子的再嫁很不相同，男子在打算重新结婚时，必要的条件并不是他是否离婚，或者妻子死亡，重要的在于他自身是否有财力和有这个意愿。也就是说男子再娶的首要条件并非是独身，这在中国社会的旧式婚姻中，是一个很重要的因素。尽管中国的法律从春秋时就规定了一夫一妻制，但是事实上有权有势的男子反复的再婚，法律也不会干涉。男子的多妻制实际上是人类的一个世界性的问题，从人类有婚姻的时候起，大概男子就开始出现占有很多妻子这样一种观念，这在各个国家的古代都是一个基本不争的事实，中国的古代社会也不例外。

中国古代社会的法律规定，男子在几种情况下可以重新娶妻。一是妻死或离婚以后的再娶，二是纳妾。在现实生活中比较多见的还是第一种情况。

> 中国古代把男子的再婚叫做"续弦"，这一词的起源出自《诗经·周南·关雎》："窈窕淑女，琴瑟友之"一句，后世就以琴瑟比喻夫妻，因此把丧妻称为断弦，再娶为续弦，意思是断弦复续。也有的地方把与寡妇结婚称为续弦，而重新娶未婚女子为妻称为"填房"，这只是各地的风俗习惯与叫法的不同，并无实质上的区别。

男子的再婚与女子的再嫁相比，在地位上没有变化，有变化的只是女子一方，比如江苏镇江一带流行的一种在再婚男女重新结合之时的风俗，就很能够说明这一点。这种风俗在当地叫做"烧化钱"。当男子在续弦或者娶遗孀时，女家的长辈要向男子赠送钱财，数目事先商定，不多也不少，在婚后的第二天，由女方的舅姑交给男子，这就叫做"烧化钱"。此种风俗从何而来尚不得知。与此相反是少数民族中水族的风俗，寡妇再嫁时，要由新夫家付钱给旧夫家。当寡妇走的时候，她可以带走自己的嫁妆和衣被等财物到再嫁的夫家去，条件是新夫家必须送给前夫家一笔与之相当的身价钱，钱的数量根据新夫的力量量力而行，或者由双方的内亲和寨老商议而定。这一笔钱是用来贴补前夫家的损失的，当地把它叫做"寡金"。迎娶再婚女子的办法是：男方在双方商定婚娶的时候，要带上猪肉到女子的父母家，先讲好条件，再在天黑时把女子带到新夫家。如果原夫已死，新夫还必须请水书先生到家中来念咒作法，用黑狗和鱼祭祀，撑门御鬼，以防原夫的灵魂跟随而来。水族除了再婚女儿由娘家再嫁外，也有由原夫家的父母作主标价出卖的。

下篇　丧葬

| 报丧与吊祭 |

围绕着亲人的去世,人们会按照传统的习俗和礼仪为亲人举行各种仪式。这些习俗和礼仪除了习惯性的行为传承之外,其核心内容就是信仰的观念在其中起支配的作用,也就是宗教的观念占据着丧葬礼俗的支配地位。

报丧与吊祭

人类从出生到终老，是一个完整的过程。每一个过程都有它独特的风俗礼仪，到人生的最后一个过程时，风俗礼仪基本上都是由家人和亲朋好友来完成的。在丧葬礼俗中，有亲人表现的哀恸之情，有对死者到另一个世界的各种祈祷，还有利用丧葬之礼加强人与人之间的交往与人情的往来。

落气前后的诸多习俗

人类丧葬的一系列活动，从人快要断气前的那一刻就开始了。在死者的亲属发现病人将死时，一般要做的有这样几种事情，一是以各种方法试探亲人是否真死，以防不测；二是以各种方法挽留死者的生命，希望用活人的诚心使病人起死回生，或者设法使活着的人能够继承他的香火；三是在病人临死或新死时就举行各种仪式，以便死者在死后能达到活人所希望的目的。这一方面是由于亲情的因素使然，另一方面则是由人们的信仰和观念所决定。

> 在中国很早的一部关于礼制的书《礼记·丧大记》中，曾记载了人死之前的一种习俗：当人将要断气之时，人们要用新丝绵放在病人的口鼻前，以此来试探是否还有呼吸。因为新丝绵很轻，很轻的呼吸也能够使它摆动。因此，在医学还不很发达时，不失为诊断病人是否真死的一种方法。

当人将死之时，他的亲人及亲朋好友在为挽留他的生命而竭尽全力的同时，也在做另一种准备，那就是在人断气之后需要举行的各种仪式，在这之前都要准备好。这些仪式的主要目的，仍然是围绕死人的灵魂问题而产生的。虽然目的大致一样，形式却不尽相同。

在四川各地，有一种"烧落气钱"的风俗。当病人在弥留之际时，家里的人就开始撤下床帐，移动位置，为的是使病人能把头靠在北边的窗下。这时候所有的家属都集中到病人所在的这间屋子里，由病者的儿子或者妇女中力气大者，扶起垂死者的头部，然后在地上点燃香烛，所有的人都环香而跪，只等病人落气。当病人的最后一口气断了以后，人们就开始烧纸钱。"烧纸钱"的习俗是从魏晋时期开始出现的，据说是巫觋始创，就是烧给阴间的鬼用的钱，必须要用纸做成钱币形，阴间的鬼才能收得到。以后人们将这一做法扩展到一切用品，衣服、车马、房屋、用具等都可以用纸做成，然后烧化成灰，带到阴间去给死者使用，这些东西统称为"明器"。在落气时烧的纸钱单独有一种名目，有的地方叫做"烧倒头纸"，如湖南和湖北地区都有存在，只不过当地把这种习俗叫做"烧落气纸"。

在病人即将断气之时，亲属就开始撤下床单，把他移动位置，头要向着里面。断气后，亲属就开始烧纸，一直到把盆子烧满为止。当地对这种习俗的解释是：人死了以后都是要到阴曹地府中去的，而在这条路上有种种鬼魂卡关，必须烧纸钱给鬼魂用，他们才放死者过关，这就是"烧落气纸"的原因。在江浙一带，也流行一种与此相似的风俗，浙江地区在人刚死时是把纸扎成轿子和纸马各一件，放在门外焚烧。民间对这种行为的解释是，这样可以使人死后不至于徒步行走到阴曹地府，轿子和马都可以把人很轻松地运送到目的地。

上海人的习俗更简单实际一些，他们所要做的只是：当人死后，就直接把他的床帐和身上穿的衣服，都拿到空旷的地方去烧掉，目的是让死者在阴间有穿用之物。四川也有这样的风俗，叫做"烧老包"，在一叠叠的纸上写上衣服鞋子和各种装饰物的名称，一起烧掉，也是带给死者到阴间去享用。或者也叫做"烧倒头钱"。

在四川西部一带，在人刚落气时进行的仪式也与烧纸类似，只是它不是"烧落气钱"，而是"放落气炮"。他们的用途与烧纸也略有不同。当病人咽下最后一口气时，举丧的人家就将早已准备好的爆竹燃放起来。当地的民俗认为，人死后，魂将会升入天，而魄则降入地，燃放炮竹

「烧落气钱」

的目的就是赶走附近的神灵，让死者的亡灵能够毫无阻挡地升天入地。

所有这一些习俗，其目的大致相同，就是为了死者能够顺顺利利的到达另一个世界，并且生活得好。这实际上只是活着的人对死者的一种良好

的愿望。

　　与此同时进行的仪式就是招魂，还是《礼记·丧大记》中记载，在人刚刚断气的那一刻，死者亲属或办丧的人要做的事，就是挥舞着死者的衣服登上房屋顶，大声呼唤死者的姓名："某某某，你回来呀！"连喊三次，然后再把死者的衣服扔到屋下，由人接着，盖到死者的身上，这就叫做"复"。后来形成一种专门从事这种仪式的人，被人叫做"复者"。这样做的目的据《礼记》上说，是要"尽爱之道也，望反诸幽，求诸鬼神之道也"，这就是说活着的人为使死者能重新回到人间，因而祈求鬼神，希望让他的灵魂从阴森的冥界回到遗体上来。这是生者在尽最后的努力挽救死者，民间把这叫做"招魂"。到后世，对这种招魂都认为是招亡魂，与招生魂的解释有所不同。这种仪式后来一直流传了下来，在各地都有不同的表现形式，尤其是在古代的长江流域，招魂有着相当广泛的影响。浙江和江苏东部一带，对这一习俗有所发展，有的招魂仪式，是要找一根长长的杆子，伸到空中，上面再挂一块幡，作为一种标志，为的是让在天地间飘荡的死者灵魂能认清位置，回归原位。后来的招魂，不仅是对死者，对活着的人也有用仪式进行招魂的。比如某些生了很奇怪的病的人，精神恍忽，医生也治不好，于是人们就认为这是被鬼把魂给勾去了，只有想办法把他的魂找回来，他的生命才能回到人世间，这被叫做招生魂。但这种招魂与丧葬中的招魂已经有了一些区别。

　　中国古代著名的文学家大诗人屈原在《楚辞》中就有专门的一篇叫做《招魂》。屈原写这一篇的本意是为他所忠心侍奉的楚怀王招魂，因而诗中引用了很多楚人的招魂习俗。当人们所爱戴的人死去后，活着的人认为这一刻他可能还没有死，只是被鬼把魂勾去了，所以就要马上想方设法，上天入地的去把他的魂找回来，用种种美好的生活情景来引诱他回到人间，这是楚地一种比较常见的招魂习俗，被叫做招亡魂。另一种意思是，当死者已经被认定为不可能再复活时，也要把他的魂招回来，让它附着在死者的身体上，以免在世间游荡，人们认为这对于活人是很不利的。与之相伴而生的，是楚国的一种专门从事这种职业的人，这就是巫。

招魂在各地和各个时代都有不同的表现形式,古代楚人招魂的仪式比较复杂,从屈原的《楚辞》中看,有这样几种程序,首先由男女巫师各一人装扮成上帝和巫阳,上帝下令让巫阳下招,于是巫阳就开始以筮占卜,寻找灵魂的所在处,然后下招呼唤灵魂。在下招呼唤中如果将死人的灵魂呼唤回来了,下一步就由其他能言善辩的巫师,一步步将魂灵引入城门,直到回到设有招具的地方,这就是"享堂"。享堂是为死者专门修设的居室,室内的布局和陈设大致上是按照死者生前居室的样式,但是比平常的要精致和豪华一些,其目的是为了能引诱死者的魂灵回到人间。招具则是指竹笼、彩带和丝织的衣物等。第三步是用美妙的歌舞音乐和美味的佳肴来诱惑、聚集、安抚死者的魂灵,让他们看到人间的欢乐美好,留恋这一切,而回归体魄,活人便达到自己的目的了。后世的招魂仪式大体上与此大同小异,只是在具体的实行时,都融进了各地的风俗和民情。北方的招魂与南方相比有一些不同之处,一是它的程序和仪式比较简单,只有设阶、持衣上屋、然后向北面长呼三声这几种,而南方的程序和仪式就要复杂得多,他们的程序有三到四项,有的还要进行歌舞表演以吸引鬼魂下来;二是北方的语言比较简单,而南方的也要复杂得多,他们除了说以外,还有大量的招魂唱词;三是北方招魂一般都是朝北招魂,不像南方,要向四方甚至六方招魂。(宋公文,张君《楚国风俗志》)招魂除了在人将死或刚死时进行外,后来也发展到在人死后即将埋葬时或者在埋葬后的几天之内也要进行一次招魂。

多有禁忌的报丧仪式

当死者的亲人们在家中举行了各种招魂接气等仪式之后,接下来要做的事情,就是要尽快向各方亲朋好友报告病人已亡的信息,用中国丧葬礼仪中的专用名词来说就叫做"报丧"。古代报丧有几个目的,一是为了让自己家的亲朋好友知道某家中有人去世,让人们按照当地的习俗前往吊丧,或者是前去帮忙。二是出于遵守当地习俗的目的,让人们能够有准备,以便能遵守各种丧葬礼仪,不致于出现一些不利于自己和别人的差错。

报丧这一礼仪的出现,最早可以追溯到周代。春秋早期,周昭王向南

报丧与吊祭

方征战，不幸被楚人打败，掉到水中淹死了。他的臣下官员们觉得这件事很没面子，便不向各诸侯国报丧。这就是《左传》上记的"昭王南巡狩不返，卒于江上。其卒不赴告，讳之也。"这表明当时已有报丧这一做法。后来报丧成为丧葬礼仪中一项比较有讲究的事情，古今各地都有不同的风俗民情，从报丧的时辰到报丧的禁忌，人们大致上都不能违背当地的习俗，否则就会受到舆论的指责或者招亲朋好友街坊邻居的不满。

当人死后，一般来说死者的亲属都要考虑尽早地向亲朋好友通报这一不幸的消息，然而，各种风俗习惯却使得人们并不能随心所欲、无所顾忌地把这一消息随时去向那些人通报，各地的报丧都有一定的规矩和讲究。各种报丧形式的讲究实际上是一种禁忌的思想在起支配作用。

「杭州萧山的报丧仪式」

报丧的禁忌是多种多样的，有的地区是注重报丧时辰和孝子的身份。在四川西部的农村，当地人死后，习惯上死者的亲属要奔赴亲友家中去报丧。因为身着重孝，当地的习俗忌讳让这种人进入自己的家门，因此报丧者只能等候在亲友的家门外，一直到见有亲友出门，孝子这时才能迅速闪出来跪到亲友面前，磕一个头，泣告丧情。而在浙江杭州报丧的禁忌则不是在是否进门，而在于进门报丧时的装扮。这里的人们报丧信的规矩是，把亲族和至友的名字写在手摺上，然后派人到各家去走报，称为：报死信。

在苏北农村，在自家门上报丧的标志是挂上一个纸做的球，叫做"孝球"，以代替讣文。上海的习俗是，如果家中死的是最尊的长者，丧家就要在大门上横钉一幅粗麻，向众人表示家中丧事的等级，这叫做"门孝"。

到清朝末年和民国初年时期，开始适应形势运用当时的先进手段报丧，凡对外地的亲戚朋友一般都采用邮件的方法通报丧信。这一类信件都有专门的讲究，一般是在信封的右上角上要用火烧焦，叫做"焦头信"或"火烧信"，当地人都知道这是报丧的信。亲戚朋友接到信后，也要在家中马上摔碎一只碗，以驱晦气。武汉地区的发丧讣文的时间则选择在出殡的日期决定以后，再向亲友通报。

在湖北地区还有一种报丧形式,它的主要对象不是亲朋好友,而是前辈祖宗。当病人断气后,孝子孝女们就开始哭天嚎地跑到城隍庙去报庙。在通山一带,人死后,要先鸣锣报关主,然后丧家再请人鸣锣开道到庙中去焚一些纸伞、纸椅、纸烟等物,并请礼生读告文,到祖祠行告礼,这就是向祖宗报丧的仪式。当地的人对死去祖先的尊崇超过对活着的人的重视,这也是一种特殊的习俗。江苏北部的一些地区,也有这样一种风俗仪式,当家中的人死去一天后,家人就要进行谒祀神祠的活动,他们把这叫做"上庙"。这些叫法不同,性质一样。

长江流域少数民族的报丧习俗与汉族颇有一些不同之处,他们的报丧习俗中仍然蕴含着本民族浓重的生活习惯。比较常见的形式是以发出某种响声来报丧,比如鸣枪、吹牛角号等。水族人的报丧习俗比较典型,当家中的老人临终时,子女和家人都守在身旁,一等到老人断气,立即放铁炮三响,或者火药枪三响,随后,家人立刻赴亲友家

「鸣放火药的报丧」

报丧。如果死者是女性,还要先到外家去报丧,然后才能到女婿和其他亲戚家去报丧。到外家和女婿家去报丧时,必须带上豆腐和两条鲤鱼,同时还要派人带上同样的礼物去请水书先生来。这在当地叫做"报亥",或者也叫做"报代"。

纳西人中的一支摩梭人,把报丧叫做"舅舅送毯"。当妇女死后,如死者是已出嫁者,死者的儿子要到舅舅家去报丧。一般外甥要三邀四请之后,舅舅才披上毛毯,腰挂长刀,带着祭品,前呼后拥而来。舅舅照规矩是要先说一些气话,还象征性挥舞着长刀在门槛上砍三下,发泄心中的愤怒。外甥们这时要尽量陪不是。这时舅舅就在门口,扛着长刀唱起挽歌来,唱完后就把毯子披在死者身上。这种报丧的仪式,应该是母系制家庭中舅为大的遗留,舅为大往往会在一些比较重大的家庭事件中显示出来。这种习俗不仅是在纳西族家庭中有表现,在一些汉族家庭中往往也会有所

表现，都体现了母系时代的遗风，只是各地保留的程度不同而已。

灵堂的设置与吊祭

安置死者 当死者落气以后，对死者的迅速安置是一件刻不容缓的事情，这除了是亲属希望让死者有一个相对安宁的处所，也有一种生者对环境保护的要求，它也是古代遗留下来的风俗习惯。在最早的礼仪之书《礼记》上有这样的记载："始死，迁尸于适室，用殓衾。"意思是死者不能停在正屋中，而要迁到下屋里，停放好尸体，脱去死衣，盖上特制的殓被。因此家属在派人去分头报丧的同时，留在家中的人也要马上对死者作出处理，这种处理同样要依照严格的规矩和礼俗，而不能马虎行事。

汉族人的习俗，大多数是把刚死的人从床上移到地下或者门板上，然后在身体还未完全僵化前为他沐浴，以便他能干干净净地到另一个世界里去。

当亲属把死者清洗完毕后，尸体一般要在家中停放一段时间，如果是小孩，当天就要下葬，青壮年则停放一到三天，老年人停尸的时间要长一些。在这期间，亲属就要守护在一旁，这就叫做"守灵"。守灵的寓意有几种，一是作为死者亲人一种寄托哀思的方式，在人世间最后的陪伴一下亲人；二是一种迷信的观点使然。迷信的人认为，人死以后会有一些鬼魂围绕着死者和生者，如果不采取一些办法阻拦它，它们就会危害死者和生者。苗族人中流行一种说法，据说如果家猫越过死者的身子，尸体就会爬起来，即重新还魂，那将是极为可怕的事情。所以守灵仪式中，避免家猫的进出也是极为重要的一件事。因此，在亡灵还未离开他生前的屋子时，必须有人陪伴着他。三是守灵

「灵堂的设置」

期间还要进行一些仪式，这主要的就是供饭和点灯，以及接待前来吊丧的人。

在死者的灵柩前要供上饭食，叫"供饭"，这一习俗在全国各地具有

普遍性，俗称"倒头饭"。这一仪式的意思是让死者在冥间不成为饿鬼。四川地区，不仅在死者灵前供奉食物，生者还虔诚地向对生者一样，劝死者把饭吃下去。这一过程他们叫做"侑食"，这一名词起源于春秋时期的《周礼》一书，该书上说："以乐侑食"，原意是奏乐以助人进食，在这里的意思应该是想办法让死者能进食。或者在桌上摆一些果品酒食，由儿子媳妇屈膝坐在地上陪伴，劝亡灵进食。这一习俗也叫"伴亡人食"，蕴含着子女最后一次尽孝心的意思。在川西和川东一带这一仪式的意思表现得更为明显，死者的亲人们点好香烛摆好酒食，然后打起乐器来劝亡灵进食。这显然秉承的是周礼上所说的劝食办法。

点灯这一习俗也是在守灵过程中进行的，当死者的亲属做完小殓后，便将尸体放在床席上，然后在床下为死者点上一盏灯，他们认为这盏灯可以照亮亡灵的去地府之路，尤其是在亡灵过奈何桥时，不会跌入血河池中，他们把这盏灯叫做"过桥灯"。湖南一带的点灯风俗意思与四川有所不同，他们在守灵期间，由亲属请来道士，道士先给孝子们一个盘子，盘子内放一个瓷杯，杯子里面装满青油，然后在杯子内放上灯草点亮油灯，口念咒语。这时孝子就把灯恭敬地放到棺盖上，其余的孝子也依次照办，使棺盖上亮起九盏灯来，最后铺上香纸香米，棺前的桌子上烧香柱，所有的孝子都轮流一次，这种习俗当地叫做"端灯解结"。这两种习俗都有把死者去另一个世界的路看成是未知的黑暗的意思，所以需要有灯照路，给死者以解决未来路途中不可知因素，途中有亮是免得死者跌进奈何桥下的血河池中，否则将永无再生的可能。这仍然是生者的一种良好祈愿。

灵堂布置　中国人的习俗中，为死者守灵的灵堂的设置，有着古老的规矩和种种礼仪习俗。首先要选定一间屋子为灵堂，一般的旧式家庭都以堂屋为灵堂，家境贫寒的，一般就在外间或者就是卧室为灵堂了。在灵堂中要为死者设一灵位，用一个牌子按一定的规范写上死者的名字，有画像的，要挂上画像，

「灵堂布置」

报丧与吊祭

现在一般都用死者放大的照片，镶上黑框，放在灵位上。设置灵座一般放在死者的灵柩前。然后在牌位下摆放香炉及死者生前喜欢的果品、酒食等，有的地方还用绵绢结成魂帛放在椅子上，以供祭奠用。魂帛是什么呢？这是古时候的人用白绸子做成像人形一样的东西。它用白绢先折成长条形，交互贯穿，上面做成一个人头，旁边下垂两条，象征人的两只耳朵，下边垂下的两条就是人的腿了，把这样的人形放在椅子上，左边还写上死者的生卒年月日。这就代表人的灵魂，放在灵座前。死者生前特别喜好的某种东西，也把它供奉在死者的灵前。灵位的设置一般要等到服丧完毕以后才撤除。然后，死者就进入了先祖的行列。

灵位是灵堂的重要组成部分，此外灵堂还有一些其他的布置。有的地方在灵堂前要挂上黑绸挽帐，有的地方用白布扎彩、挂幡子和灯笼等。在遗像的两旁书写着挽联。两侧的墙壁上挂着亲友们送的挽联、挽帐、衣料、被面等，俗称"祭轴"。富裕的家庭，灵堂上还要搭布帘，挂彩球点灯笼。鄂东南一带把灵堂划分得比较细，分别设有守灵处、灵柩处、看老处、灵台和观丧处，等等。并在厅堂上搭一个布篷，俗称"丧帏"或"孝堂"。堂的前后摆有三张桌子，前桌放灵牌和祭品，中桌置香火，后桌陈列古玩和一面大镜子，镜子背面还书有"降神台"三个字。孝堂两侧摆放祝帛、祭品等。

如果死者是男性，要在挽帐上写上"跨鹤西归"，如果是女的则写上"驾返瑶池"。棺材是用凳子架起来的，棺尾处还要点一盏长明灯。整个灵堂布置得肃穆、凄惨，使人一进去就置身于一种哀痛的气氛中。

江汉平原西部地区和鄂西一带有扎童男童女和"影身"的风俗。童男童女用纸扎成，分立在棺材两旁，死者的"影身"则坐在棺材旁边。"影身"是用棍子撑起死者的衣服鞋袜，再用一面圆镜子做头，棉条做手制成的，整个体形成坐姿安放在椅子上，象征着死者的灵魂。它与前面我们所讲到的古代的魂帛是一种性质。灵堂布置好了后，孝男孝女要轮流守护在一旁，一直到出殡为止。

有的地方格外强调对死者的供品，比如鄂西北一带，要在供桌上供三碗饭，十个大馍，饭上架三支筷子，筷子上搭三根宽面条，当地人把这叫做"过桥面"，意思是死者吃了这三根面就可以壮胆，以后过险恶的奈何桥时，就不会出现什么危险。这也是保佑死者一路平安的一种愿望。

整个灵堂的布置大体体现四种内容，一是死者为大的观念，人死了以后，尤其是家中长辈去世，就要放在与祖宗和神灵在一起的位置上，以示尊重并且可以顶礼膜拜；二是体现亲人对死者的悲痛和怀念之情；三是对死者到未来世界的良好祈祷，这是一种信仰的体现；四是营造一种供亲朋好友吊丧的合适气氛，这是中国丧葬习俗的重要体现。

> 在守灵期间，除了一些必要的礼仪和形式之外，最核心的内容就是吊祭。"祭"一般是指家中亲人的祭拜吊唁；"吊"是哀悼死者的意思，"吊"指吊丧，一般是亲朋好友到丧者的家中吊唁死者，安慰死者家属。

吊祭的形式　家中有亲人逝去后，亲属和亲戚在灵堂的祭奠叫做家祭，或者家奠。人死后，亲友接到报丧的信息，就要马上准备香烛、纸钱、爆竹和挽联等物前来吊唁。在吊丧开始前，死者的家人要在亲友面前先行祭奠，然后才是亲友们的吊唁。

丧家对前来吊丧者有这样一种规矩，凡是前来吊丧的人，都要先到灵床前行礼，行完礼后，丧主跪在地上呈给吊丧者一条孝巾。孝巾长四至五尺，大多数是用白色的粗布作成。吊丧者接到后，要立刻把它顶在头上，或者系在腰上，表示一种哀丧之礼，否则就会被人耻为失礼。

「守灵」

在四川地区也流行这种风俗，所不同的是，四川人发给吊丧者的是长十尺，宽一尺的白布，而且这白布要缠在头上而不是系在腰上，余下的部分顺着背拖到地上，当地人把这种习俗叫做"开儿女亲"。在川西和川东一带把这种习俗叫做"散孝"，也叫做"散普孝"。在湖北的江汉平原地区，也有这一种习俗流行，当地叫

报丧与吊祭

「守灵与吊祭」

做"满山白",也叫"大散孝"。安徽江淮一带这种风气尤为盛行,丧家在开始办丧事时,就必须预备白粗布若干丈,并把它撕成长度不等的孝巾,根据血缘关系远近,分赠给族属姻戚或者前来吊孝者,有的丧家还把它赠送给贫穷者或者乞丐。把这种孝巾顶在头上或者系在腰上,民间认为可以祓除不祥,同时它也有一种赠舍的意义。在当代实行计划供应的时代,如果有谁的家中办丧事,按规定政府还要发给计划之外的布票,以供家属为亲人吊丧所用。这实际上就是国家对民间习俗的承认。

「余江散孝习俗」

湖北地区还有一种吊祭的方式叫"堂祭"。堂祭有一些特定的风俗,它包括请阴阳先生推算发丧、回煞和做七的日期,推算出来后,用白纸书写,贴在灵堂的显眼之处,以便让来客知道,这叫做期单。目的在于至亲好友可以了解吊祭的安排日期,然后按照期单上的日期,携礼前来吊唁。当吊客来到门外时,门前丧棚内的鼓乐队马上奏起丧乐,通报门内,孝子要立刻出门迎接,或者跪在灵侧迎接客人。吊丧的客人先到灵前烧化纸钱,然后对着死者行礼。如果是晚辈就要以大礼跪叩于灵前,民俗一般是以死者为尊。有的地方以死者为尊习俗相当突出,凡一家死人,全村人都要登门吊丧,如果平时有怨恨的,这时也捐弃前嫌,对死者行礼,然后两家的怨恨也因此而释怀。

在接待前来吊唁的亲友期间,民间还有宴请前来吊丧之人的习俗。各地区各民族宴请的时间、形式和规矩都各有特色。有的地方是在举行吊唁的当天中午就开始举办酒宴,款待前来吊丧的亲友地邻,叫做"开丧酒"。这种酒宴一般来说质量都不是很高,只是用少量的菜肴象征性款待一下客人，比较正式的答谢吊唁者的宴席要等到出殡的那一天再举办。

在为死者举行的吊祭中还有一项重要的内容，就是宣读祭文。祭文就相当于今天我们追悼会的悼词。按现代的礼仪风俗，悼词是在出殡以后，到死者的坟头上或者在殡仪馆中去宣读的，但在古代，祭文却是在守灵期间，在死者的灵前宣读。古代的祭文不光是告祭死者，也有告祭山川、天地等神祇时所读的文章。告祭死者是以哀悼死者为主，包括褒扬死者生前的功绩和美好的人品，以及生病和死亡的原因等。四川西部地区把宣读祭文叫做"望燎"，这一过程在丧家的亲友举行祭奠时进行，丧家一般都聘请乡邻中德高望重的老者来宣读。祭文叙述死者的生平、经历、歌颂死者生前的功德，读完以后，要把祭文对着东方焚烧。待纸烧尽以后，众人向着东方拜祭一番而后结束。在一些地区，或者说在一些文化知识比较少的人群中，他们悼念死者的方式是唱丧歌。死者的亲属悼唁他们的亲人就是以唱歌的形式，唱的内容有，一是回顾死者一生，二是歌颂他好的品德，三是怀念死者生前的长处和表达悼唁者的感情。当然丧歌还不能完全等同于祭文，只是在内容上有一些相似之处。

有些少数民族的习俗也是以唱歌跳舞的方式来吊丧，比如土家族这一习俗表现得最为突出，他们吊唁的方式就是赶到丧家来跳丧舞，唱丧歌，用他们的话来说就是：打不起豆腐送不起情，跳一夜丧鼓送人情。到死者家去以歌舞的方式吊唁死者就是跳丧，是土家族人一种以乐观的态度帮助丧家办丧事的方式。土家族人的这种吊丧仪式是土家族历史上留传下来的传统习俗，在一千多年前土家族人就有了这种习俗。有学者考证，这两种习俗是古代巴人的一种军事葬仪，后来才逐渐为民间所袭用。人们在土老司的引导下，二人对、四人对或八人对边唱边舞，多的时候，甚至有上百对的人相合而舞。舞姿体现出丰富而且独具民族特色的内容。有表现渔猎生活的、有表现农事活动的、还有表现日常生活的，等等。歌词的内容也比较广泛，既有固定程式的，也有即兴演唱的，富有浓厚的乡土气息。场面隆重而热烈，气氛欢悦

「土家族跳丧」

报丧与吊祭

而热闹。人们完全把丧事当成了一种节日的聚会，简直就像过节一样。按照土家族"人死众家丧，一打丧鼓二帮忙"的习俗，周围的乡亲们都要为死者跳丧。这是土家族人历史上遗留下来的习俗，是他独具民族特色和浓郁山乡气息、热热闹闹陪亡

「土家族跳丧」

人，欢欢喜喜办丧事的真实写照。以歌代哭，长歌当哭，并且边歌边舞，类似娱乐性的节日。这种文化现象与中原地区迥然两异，汉族是通过哭或者念颂经文来表现对死者的悼唁之情，这就是两种截然不同的风俗。我们在平常的丧礼仪式上常常听到"挽歌"这一个词，它在早先是一种挽柩者唱的歌，后来演变为文人以五言或七言等形式写作挽歌，用来寄托人们的哀思。但这种歌是只限于写在纸上而不是用于口头唱颂。

南方的少数民族，在丧祭期间的以歌代哭，群聚歌舞，他们的目的是"娱尸"。这种习俗在古代就已经出现，南方民族的祖先五溪蛮就有这种风俗。史书上记载，五溪蛮人的父母死了以后，要把尸体放在村外，过三年以后再安葬。在安葬的时候，要打鼓奏乐在路上唱歌，并且把亲友都请来，一起吃饭喝酒、歌舞戏闹一个多月以后，才算办完丧事。（《朝野佥载》）他们是怎样进行这些活动呢？

> 据《溪蛮丛笑》记载：五溪蛮人死了以后，寨子里的人便都聚到一起，载歌载舞，大家互相牵着手，用脚踏地有节奏的随着节拍起舞。而丧家要预备大量的酒，并宰一头牛供前来吊丧的人吃喝，这种习俗被他们称为"踏歌"。到后来古代苗族人办丧事时，把这种习俗发展得更为奇特。当他们家中的人死去以后，丧家要把亲友聚到一起笑闹歌舞，他们叫做"闹尸"。

他们以这样一种看似有悖常理的方式吊唁死者，其实是由他们本民族

「宜昌夷陵地区打丧鼓」

的观念决定的。他们这样做有自己的理论依据，据史书上说，苗族人这样做的目的是为了乐鬼，因为他们认为人死了以后，总会有鬼来纠缠，要想办法把鬼缠住，鬼就不会再来骚扰活人和死人。而最好的方式就是他们平常惯于做的：许多人一起唱歌跳舞，然后把鬼吓跑。为了这个目的，有的地方的苗族要昼夜不停地吹芦笙、打鼓。他们认为这样鬼就会很高兴，所以要一直做到死者下葬。这种形式与"娱尸"基本上相同。这种习俗后来一直延续下来，新中国成立前云南地区的苗族人仍然以这种方式吊唁死者，昼夜吹芦笙、击鼓、跳舞。这样做的主要目的就是为了向死者致哀，也是为了让全寨的人都来参加吊唁活动，丧家可以籍此尽量把丧事办得热热闹闹，了却死者生前的宿愿，而丧家也会感到很体面。

在汉族某些居住区，从古代起也盛行以歌代哭的巫风。古代的巴蜀荆楚地区都巫风甚浓，吴越地区迷信鬼神，这些地区在办理丧事时，颇为注重巫师的作用。巫在楚国是个很有地位的职业，春秋时期，楚国的大夫王孙圉曾对晋国的赵简子说到楚国的宝贵人才观射父，除了能在诸侯国间游刃有余，妥善地处理好外交事务以外，还能沟通鬼神与人的关系，能使鬼神不怨恨楚国，不降祸于楚国。这观射父就是当时楚国的一位大巫，他被列为楚国的首要国宝，可见楚国对巫的重视程度。巫因为具有沟通人与神之间关系的职能，因此凡是有需要与鬼神打交道的事情，就由巫出面。古代楚地的巫与鬼打交道的一个重要方式，其中也包括了在丧葬活动中以歌舞娱鬼神。屈原在《招魂》这一篇中曾生动地描绘招唤亡魂的丧祭仪式，亡魂归来与家人共享欢乐的场面。辞中写道：在钟、鼓、琴、瑟等乐器的伴奏下，一会儿用吴、蔡的调子唱着"新歌"，一会儿由郑、卫的舞女款款起舞，跳到高潮之时，歌乐狂作，声震宫帏。为了吸引亡魂的归来，巫歌尽情的渲染人间歌舞声色的美好，"叩钟调磬，娱人乱只""魂兮归来，听歌譔只"。（《大招》）楚辞中描绘的巫礼乐舞，后来在长江流域地区一直流传了下来，很多习俗后来都保存在苗蛮之地，成为少数民族丧葬中的重要组成部分。就此一点我们可以说，少数民族丧葬风俗中的以歌舞娱鬼神的形式，与楚人的祖先中存在的以歌舞招魂的形式是有一定渊源关系的。

湖南的巫文化在丧葬习俗中也有明显的表现。他们在办丧事也广泛盛行以歌舞闹丧的形式，把亲属为死者守灵叫做"伴丧"，在伴丧期间有许多歌舞唱闹的活动，如暖丧、暖孝、唱夜歌、打丧鼓等。亲友邻居夜晚都要聚集到办丧事的人家中，击鼓喧闹，一直闹到清晨。他们把这些歌叫做"孝歌"或者"闹丧"。除了亲友邻居聚集一处通宵达旦地唱闹以外，还要请巫师前来犒劳鬼神。

吴越之地信巫鬼的习俗中表现得也相当浓厚。在丧葬中按礼仪长歌当哭，是他们所擅长的吊丧方式。吴越地区的人办丧事崇尚隆重的礼仪，在举行礼仪的过程中，往往伴随着众多的仪式歌。这里的哭丧歌可以分为三类，一是"散哭"，二是"套头"，三是"经"。散哭的意思用当地的话来说就是"随心翻"，就是随心所欲地哭唱。"套头"是指哭丧时必须按照一定的套路来唱。这些套头的歌词结构和内容大同小异，只要掌握了套头，哭丧就基本上没什么问题了。"经"的礼仪就更规范一些，这是民间的百姓从信仰习俗出发，套袭了一些佛教道教中经的模式，由自己编成的哭丧歌。在内容上更生动活泼，也更符合当地群众的心理与愿望。吴越地区的人在吊丧时边哭边唱，与一般的吊丧目的基本上相同，一是要表达自己的哀悼之情，二是发泄心中的悲伤，三是祈祷死者在去阴间的路上能平安顺畅。

古代楚文化区域还有一种以鼓盆唱的方式悼念死者的习俗，它的发明者是楚国的思想家——庄子。庄子他在妻子死后，没有像一般人那样痛哭流涕，而是坐在地上边敲盆子边唱歌，这成为最早的以歌代哭的范例。后世的人们承接了这一遗绪，在举办丧事时，也要鼓盆而歌。在湖北的江陵、沙市一带，大凡举办丧事，歌师和鼓手（这些人中的较大一部分是由道士担任，而道士就相当于古代的巫师）会自动上门唱"丧鼓歌"，当地又叫"鼓盆歌"。很显然，这是秉承了庄子的鼓盆歌的遗绪的习俗，这种习俗反映的也是一种对待死亡的达观态度。但后来在鼓盆的时候加进了一些娱乐鬼神的因素，就与最初庄子的意图显然有别了。

表明身份的丧服与寿衣

在死者初死时经过小殓和接受亲朋好友的吊丧后,到出殡前就要进行"大殓"。"大殓",是指把尸体经过进一步体面和礼仪式的处理后,最后的装进棺材,这在丧葬中无论对死者还是生者,都是一道重要的程序,不可忽视。这一程序在上古时代就有大致的规定,《仪礼·丧大记》上说,大殓是在小殓的次日进行,也就是死后的第三天,原因是"以俟其生"。(《礼记·丧问》)就是说在三天之内还要看一看死者有无复生的可能。除了确定死者是否可能复生之外,也是为了给亲朋好友以吊唁的时间。这种大殓不仅只是对死者进一步身体和仪容的整理,它还包括一系列的礼仪仪式,作为对死者的尊重,对去未来世界的崇敬,以及对这一仪式的慎重。

南方一些地区对灵魂不灭,死后可以成仙这一道教的观念深信不疑,在这样一种宗教氛围中,民间的丧葬习俗自然就打上了这种烙印。首先在大殓的时辰上,人们认为时辰对于死者能否顺利地到达阴间,有着很重要的作用,因此,民间选择大殓时间有比较多的讲究,根据各地的习俗,选择入殓的时间并不一定按照周代规定,大部分都是按照自己约定成俗的规矩办。而选择时辰也有专门的人,在杭州叫做"山人"选择时辰的过程叫做"山人批书"。"山人"也是专门从事丧葬活动的人。上海南汇区一带主持丧礼的"师公"也相当于"山人",他是释道混合的产物。丧家请山人选择入殓的时辰有诸多的讲究,重要的在于必须避开恶煞。山人选好时辰后,用手折书写亲族和至友的姓名住址,派人送到丧家,即"山人批书"。批完以后就由死者的亲人拿着批好的斗书回家去,用斜角的方式贴在大门上,等到入殓之前再由山人在焚烧太岁纸马时一并烧掉。

当选定了入殓的时辰,又给死者换好了寿衣后,就要由孝子奉尸殓入棺了。通常这时候孝子们要穿上白色寿衣,越是亲近的人越要穿得破旧、粗糙和草率的寿衣,并且要嚎啕大哭,然后就是给棺上加盖,接着举行大殓奠。就是在这样一些过程中,各地都有自己的风俗,有许多不同的做法。

入棺时,也有诸多的讲究,比如凡是认为与死者相克的人不能站在近旁,即使是亲生儿子也不例外,否则被认为不吉。在安徽江淮地区,为了

报丧与吊祭

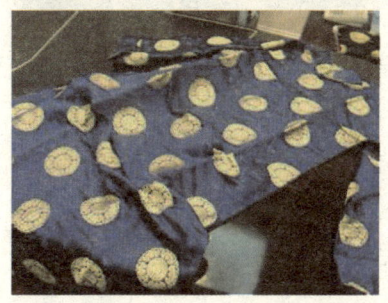

「丧服和寿衣」

避免与死者相克的人妨碍入殓,他们要做一种"开殃榜"的事情,就是丧家延请道士,按死者的生肖和死亡的月令干支,以五行的说法,推算出犯冲的生肖和忌讳事项,并把它写在纸上张贴于墙。当死者入棺的时候,凡是犯冲的亲友都要远避,否则对于丧家不利。民间认为死了人是一种遭殃,所以把这种榜文叫做"殃榜"。

湖北的习俗与安徽的"批殃榜"相同,只是湖北人没有正式把相克的人写在纸上的这一程序,也就是不批殃榜直接的排除相克之人于入殓之礼外。

上海的浦西区,在死者入殓前要进行一种"走尸"的仪式,专理丧事者在为死者沐浴换衣之后,要将死者的手、脚、腰分别绑在自己的手、脚、腰上,并将死者的脚踏在自己的脚上,带着死者在屋子里各间房内走一遍,最后来到堂屋,将死者放下来绑在椅子上。在经过这一仪式后,死者才能入殓。这大概是让死者在离开人世之前最后地看一眼自己的家,然后无牵无挂地走。这种仪式除了有一种情感的心理之外,也有宗教信仰的成分,认为人死后,灵魂仍然会有知,所以要让他最后看看自己的住所,了结生前情缘。人们从观念上认为,这样做对生者和死者都有好处。

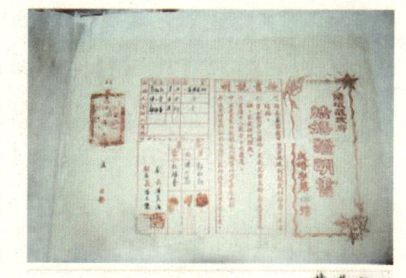

「批殃榜」

在入殓的衣服上,也有很多讲究。江南地区的一些观念认为:死者在去阴间的路上困难重重,路上有一处地方叫"剥衣亭",到了那里恶鬼会剥光他的衣服,因此在给死者擦完身后,穿衣服只能穿单数,不能成双,鞋袜各一。衣服应先由孝子叠在自己身上,这称之为筒衣,拿到附近的桥上,用无砣称钩勾住,当别人问衣服重量时,孝子应回答"重千斤",然后,再拿回来给死者穿上。据说这样做也可以防止野鬼去抢。

少数民族中有些入殓习俗、宗教信仰的观念体现得更为明显。水族人很讲究入殓时的礼仪规矩。水族人称入棺为"和枕"。沐浴后,所需穿戴的衣物不能掉到地上,抬死者进棺时,不能让头看到脚,否则亡灵会变成鬼来家捣乱。在入棺的整个过程中,陪灵者不能互相呼唤姓名,只能用其他称呼代替,否则,亡人会把生者的灵魂带走。入殓完毕后水族人要把死者生前穿过的衣服和用过的被单,都拿到寨子外去烧掉。传说这样做,亡人就可以在阴间得到穿盖。布依族人在死者入殓时,要请魔公用七枝茅草轻扫棺材,口中念咒道:"寿木寿木,死者老屋,死者要来住,邪恶赶快出。"扫完念完,才能收殓死者。封棺以后,还要每天早、中、晚上敲三次铜鼓,认为鼓声会传到天上,仙人得知后就会把死者接去。

在入殓完成以后,死者下葬之前,要用扁圆的大长铁钉将棺材盖合上,届时还要请有经验的人用铁锤敲击铁钉一直到棺沿中,这时候孝子们都要跪在棺材旁为亡灵喊魂,目的是不要让亡灵受到惊吓。皖东地区还要用孝子或孝女的头发裹着钉子钉。如果死者是中年以下的女性,还请她的娘家人来验棺后再收钉,以避嫌疑。

出殡仪式与祭文

在中国传统的观念中，人是有魂和魄的，身体谓魄，精神谓魂。一般认为人死后，最初是身体的死亡，即魄亡，而精神部分的魂还不会马上死亡，甚至永远不会消亡，它可能会与魄一起，长居地下，也可能与魄脱离，长存人间。因此死者入殓后人们还要做的一件事就是，为死者送魂。

送魂之仪

送魂一方面是为了让死者有一个完整的身体进入坟墓,同时也为了生者不被死者漂荡在外的灵魂所扰,这在中国人的观念习俗中是非常重要的一条,在办丧事时万万不能疏忽。

为死者死后送魂这一习俗,不仅在汉民族中流行,少数民族比汉族更为注重,他们的送魂仪式和风俗更为多样。在某些巫风盛行的少数民族中,流行一种人死后灵魂仍然在人世间游荡的观念,而只有巫师可以指导灵魂的迁徙路线,引导他们回到祖宗那儿,去过人世间没有的快乐生活。所以在人死后,亲属为了避免让亲人的魂灵四处飘荡,就要请巫师来送魂,把死者的灵魂送回到老祖宗的身边。有的地方认为死者的灵魂非常留恋生活了一辈子的人世,因此不愿意到陌生的地方去,他的亲人们只好采取驱魂的办法,把魂灵尽快地赶到应该去的地方,好让死者灵魂安歇,生者放心,由此就产生了一系列的送魂驱魂的仪式风俗。纳西族、彝族、景颇族都有向死者灵魂告别的送魂仪式。

彝族丧礼中的送魂仪式是比较完整的,"送魂"他们叫做"送灵",彝语叫做"尼木"。送魂必须要有一个象征性的灵魂,在他们那里,灵魂的物化形式就是灵位。送魂的仪式由巫师"毕摩"主持,毕摩必须熟悉死者的家族分支,并且根据该家族分支的不同迁徙路线,把亡灵准确无误地送到老祖宗居住的地方。因而在送灵的仪式中,毕摩为死者念的指路经是一场关键性的活动。送灵首先要选择送灵的日子,而送灵仪式的成功与否,送灵日期的选择至关重要,彝族人中流行着一句俗语说:送灵逢吉日,人丁就兴旺。送灵的时间一般也很长,少则九天九夜,多则四十九日。送灵开始时,首先要在屋外搭一个棚子,把夜里要送走的灵魂请出屋外。为了避免灵魂寻路返回,要从屋顶的瓦隙或墙缝中把灵位接出。第二天半夜鸡叫时,由女婿把灵位用红毡裹起来,背送到祭场。但灵位当天还不能入祭场,要在中途设一青棚野宿到第四天。参加送灵的人都到齐后,毕摩就开始念经驱邪,随后的几天内要进行卜卦、祓祟、换祖等,最后一天将所有的灵位都收集到一个洁净的地点,置一油锅,毕摩将灵位放进烧

出殡仪式与祭文

沸的油锅内煎,顿时火焰四射,据说这样就会吓得灵魂不会再复原位、滞留人间。焚灵位后,将祭场烧毁,将新祖筒送入祖灵存放的山洞或岩洞中存放,到此仪式才算结束。

云南贵州的彝族地区,送魂的习俗叫做"搅魂马",就是由死者的长子骑着马挟着弓箭,在房子的周围驰骋,把滞留在周围的死者的魂灵赶往阴间。后世的彝族送葬要鸣枪、赛马,其原因也是因为这样做,就能唤起死者的亡灵离家前往阴间。

布依族人是在开祭的当晚十一点,请魔公来超度死者上天成仙,为死者送魂。魔公有一部专门的"开路书",当魔公念过前面的历史、风俗以后,就进入送魂的具体过程,送行要一程一程地送,魔公每送一程,都要告诉死者已经到了什么地方,就这样要一直把死者送到祖先来的地方,再由那里上天去。这样就算把死者的魂送走了。所以魔公必须熟悉当地的地理条件和位置,不能有丝毫的差错。

汉族地区也有送魂的习俗,只是不像少数民族那样突出,而且送亡者之魂一般也不用巫师,只要自己的亲属就可以了。如四川地区的送魂之俗叫做"出死星",由死者的家人用一根长竹竿戳到死者的屋顶上,呼唤死者的名字,让他的亡灵安然的出去。"出死星"后的竹

「送魂仪式」

竿要丢到河沟的水流中。四川西部还有一个送魂的习俗叫"落气炮",当人死后,丧家要立刻燃放烟花炮竹,吓走附近的神灵,好让亡灵毫无阻挡的升天。民间认为人死后灵魂是应该升上天空的,所以丧家都尽可能早地让他们到该去的地方。

在湖南,送魂的办法叫做"转老棺"。湖南人迷信鬼神,在出殡前,要由僧人和道士穿着法衣做法事超度亡魂。除了念经拜忏以外,还要做绕棺、破狱等法事。僧人和孝子等绕棺参拜,一道道解除青灯,将神灵牌位焚化,最后破地狱,祝亡灵回归西方极乐世界。实际上就是让死者的亡灵能够顺畅上天。

安徽江淮一带，在出殡前丧家也是要请道士做法，道士身着道袍，手摇法铃，口念咒语，绕屋而行，房屋的每一个角落都要搜一遍，这叫做"赶煞"，意思是驱走魔邪，以免家人受害。道士在搜索厨房时，要在灶神牌位前敲碎一只碗，意思是亡者不再食人间烟火，要把死鬼赶出家园，让他去到阴间。

浙江杭州有一种叫做"接煞"的风俗，与送魂大致相似。

出殡之路

丧葬活动中最重要的一项就是为死者出殡送葬，这是生死离别的最后一个过程，人们在这一过程中，往往释放的不仅是最后的感情，而且有诸多的信仰观念、宗教仪式，使这一过程充满着煽情而又神秘的因素。各地风俗各异，但总体上是大同小异的。

> 出殡即送葬，就是把灵柩送到安葬或者寄放的地点。出殡之前有几件事情是不能有疏忽的，一是选择好出殡的时间；二是到亡灵的祖宗祠内去拜谒；三是抬灵柩时的诸多讲究和禁忌；四是出殡的仪式。

按汉族人的风俗，一般在山人起杠后，死者的亲属要在灵柩的前后相送，一直到达墓地。凡参加出殡的亲友一律都要穿上丧服或者佩戴孝巾，为死者送行。

选择出殡的吉时是丧葬中的一项很重要的事情。民间大多相信吉日风水之说，如果下葬之日是凶辰，要将出殡的时间往后顺延。如果遇到不吉利的时辰，就要在家等待，长期不发丧，一直等到以后别人家有丧，才一并发丧，因为错过了自己的吉辰，所以只好以别人的吉时为出丧日，当地把这种做法叫做"热拖冷"。这样做的目的还是为了能择到一个好时辰。

出殡之前，由孝子捧亡人的灵位到宗祠内，让亡灵向祖先的牌位一一拜谒，叫做"朝祠"，然后上路。这一习俗与中国人凡有大事都要上告祖宗有关，比如结婚生子，都要在祖宗牌位前诏告一番，死亡之事也同样如此，不同的是，前两者只是到祖宗那儿报喜，而后者则是报丧，兼带诏告

出殡仪式与祭文

祖宗，家庭中有人去报到了。上海一带是在出殡前由死者的长子带领吊丧者围着住房绕三圈，哭泣哀悼，表示对死者的深情怀念。当地把这种习俗叫做"兜三朝"。

在主持丧事的道士或者礼生宣布开始启殡之时，抬夫把灵柩抬出屋，出屋时切忌碰撞。亲友们这时要跪在地下向灵柩哀别，然后一人要将一个盛酒的壶向灵柩猛地掷去，要击得粉碎，而且碎片不能落在他人身上，这叫做"祭龙神"。也有的地方方式不同，如湖北是在灵柩抬出门后，由屋里的人将一个碗或者钵子使劲的丢出门外摔碎，还要迅速地出门把门带上，当地把这叫做"遣丧打钵子"，要越摔碎越好，摔得粉碎才好带到阴间去，同时也包含着死者的灵魂再也不要进家门的意思。当盆子一摔时，就犹如一声号令，抬夫们迅速地起灵而走。

当抬夫上路之时，丧家之人要向抬夫们叩头，意思是拜托他们一路上小心照顾，有的地方抬夫们有颠丧摇丧的习俗，而孝子们则要跪在地上向他们叩头，祈求抬夫们止住颠轿。按照一般的规矩，抬夫们的颠丧不能掀翻棺材，否则也会受到人们的痛打。但同时，丧家也要在路上给抬夫们准备好酒食等。安徽的风俗是要在出殡的路上向沿途的野鬼贿赂，以求他们关照即将入土的亡灵。方法是在出殡前，准备很多的麻秸，上面涂上油膏，在出殡时

「送魂仪式」

沿途点燃插放，当地的人认为野鬼最喜欢吃油，野鬼得到这么好吃的东西后，自然不会阻挡亡人的魂灵，因而出殡的路上就可以一帆风顺。这一种风俗叫做"放灯"。总之，是在出殡的路上无论是人为的，还是心理上预设的障碍，都要靠财物来搞定，以免死者受伤害。

与少数民族靠法师等人引魂上路相似的是，汉族人出殡的一个重要仪式是队伍前面必须有引路的幡子。幡在古代

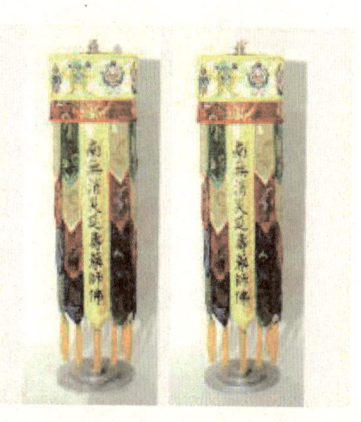

「敦煌出土的引路幡」

叫做铭旌,就是旗幡。上面写着死者的姓名,作为出丧的标志,并作为象征供人凭吊。扛引路幡的人还要手提一面铜锣,边敲边丢纸钱。安徽江淮地区,把从佛殿中取来纸烧化成灰以后,在出殡的途中扬撒,叫做"撒金钱",据说这是对鬼行贿之意,以保佑死者在通往天国的路上能平安。

在送葬的过程中还有一个习俗比较常见,那就是"路祭",也叫"路奠"。就是在出殡的路旁设筵致祭,一般都由死者的亲友进行。湖北的这种做法是:亲友沿途在送葬队伍要经过的地方设香案,摆供品以示悼念。

「路祭」

孝子在经过时,要上前叩谢。一般能设路祭的,都是家庭比较富有的。《红楼梦》第十四回中有一段描写金陵府贾家为秦可卿出殡的场面:走不多时,路旁彩棚高搭,设席张筵,和音奏乐,俱是各家路祭。这应该是比较大规模的路祭了。路祭一般是富有的家庭或有一定声望的人,有一些需要他们帮助或得到过他们帮助的人,在路上设祭,作为回报;或是为大多数人做过好事,获得人们的尊敬和赞誉的人,他们得到人们的路祭,一般是因为本身的原因,人们一般出于自发的心理而设路祭,以感谢或赞扬死者。

还有一种路祭是,如果死者死于路上,那么亲人会在逝去的路上摆上香烛纸钱等,于头七或者什么时候进行祭奠。这一种路祭在当今的社会表现得非常明显。

少数民族的出殡仪式有些也充满着巫术的色彩。他们的出殡是要请鬼师为死者的魂魄指明去路的,因此要用一把火举在灵柩前为死者引路。据说如果火把不亮,亡者

「路祭」

之灵就会找不着路而返回家中作祟。因此从这个意义上说,送葬也就是送死者之灵魂。苗族送葬的形式多种多样,一般来说,出殡时通常都是唢呐

高奏入云，鞭炮震天动地，一人手持火把，背着弓箭，或者挥舞着大刀在前面开路，后面跟着抬丧者和送葬的人。在贵州惠水县的苗族人送葬时，开道是两名中年妇女，称做"驱鬼婆"，一路上要不停地扇动衣裙驱鬼；贵阳地区的苗族人送葬又有一种独特的风俗，首先是一男性手持火把在前面开道，第二是一个人沿途插竹签，第三为一人沿途高声驱赶野兽，第四是一人背弓为送葬作保驾，第五是一少女扛一块木牌（即靶子），第六为两个人抬一坛酒，第七是一人挑着一担米饭，第八是抬丧者，第九为手端一碗水的巫师，巫师手中不停地洒着水，口中还念念有词：某某，天气太热，请你洗脸再走。最后第十才是送葬的群众。这种种类繁多的庞大送葬队伍，是苗族人民对死者的极大尊崇与重视的体现。

最后的颂歌——祭仪

当灵柩抬到墓地后，在墓前还有一些仪式，这些仪式同样也反映出中国各地丧葬的传统，同时也是生者为死者下葬前举行的最后祭奠。这是一种对死者的盖棺论定，除了生平之外，主要就是赞美词，这种赞美一方面体现对死者的尊重，也有把优秀品德传给后人的意思。有时还包含着死者亲人对亲朋好友的感激之情。

中国古代祭文的宣读有两种方式，一种是在吊唁期间宣读，当亲朋好友前来吊唁时，由死者亲属请邻近有身份有文化的长者来宣读祭文。另一种方式是把祭文放在墓前宣读，参加葬礼的人都可以听到。古今的祭文内容都大同小异，只是在形式上有所差别。按旧时祭文的格式，一般在开头多用"呜呼"、"吁嗟"等感叹词，用"哀哉"、"尚飨"等词结尾。祭文用文言文体，内容就是表述死者生平、毕生的经历、所受的苦、创的业、抚育子女的辛劳以及好的品德和为人等，还有就是生者对死者的痛悼和怀念之情。20世纪五十年代以后祭文不再限于旧的格式，只要能充分的表达出思想内容就算达到目的了。在现代大陆各地祭文大多改成悼词的形式，全国各地无异。

选择下葬的风水宝地

中国民间特别崇尚风水之说,尤其在人死后选择安葬的墓地方面,笃信风水对死者本人和他的后代都至为重要。因此选择一块风水宝地安葬死者,是死者本人在生前的一件重要的大事,也是他的亲属的一个义不容辞的责任。

选择下葬的风水宝地

请堪舆家择吉地

  中国民间特别崇尚风水之说，尤其在人死后选择安葬的墓地方面，笃信风水对死者本人和他的后代都至为重要。因此选择一块风水宝地安葬死者，是死者本人在生前的一件重要的大事，也是他的亲属的一个义不容辞的责任。风水又称堪舆，"堪"是高处的意思，"舆"表示低处，这两个字就表示在选择坟地中需要注意的地势和自然环境，也就是说要选择对于死者来说最佳的地势和最合适的环境，作为他的死后住所，并以此来附会和占卜今后他的后人的祸福吉凶贵贱。古人相信：相地得宜，则宅邑平安，人丁盛旺，子孙多福，相地失宜，则宅邑闹鬼，衰败萧条，殃及子孙。

> 风水两个字最早来源于晋代郭璞著的《葬书》一文，该书上说："葬者，乘生气也。经曰：气乘风则散，界水则止，古人聚之使不散，行之使有止，故谓之风水。"

  "生气"大约就是蕴藏天地间生气的地方。这几句古话多少有些让人不易理解，而英国的科技史学家李约瑟的一句话就使我们茅塞顿开，他说风水是"使生者与死者之处所与宇宙气息中之地气取得和合之艺术。""和合"二字是理解风水的关键。中国人讲究风水是由来已久的事情，不仅是在丧葬之事上，在许多方面都要事先看看风水才能决定能否去做。所以在埋葬死者这一重要的事情上，要事先看看风水，是非常合乎中国人的观念和风俗习惯的。在丧葬这一件事上看风水，用简单的话来说，实际上就是找一块埋葬死者的合适的墓地。

  墓地，用民俗上的话来说，就是阴宅，也就是死者在阴间居住的地方。人们想在死后住在一处有天地间生气的阴宅内，这处住宅又处在一块吉祥宝地上，大概也不是很容易得到的，因此就要四处去寻觅。怎样才能寻找得到呢？古代的人们首先想到是的就是请懂得阴阳之世与山川地貌的堪舆家，用堪舆术的方法对一些相关的地方进行选择，据说这一程序大致上有四个步骤，即觅龙、点穴、观砂、察水，实际上就是对墓地周围的环境进行观察、了解和选择。风水觅吉地在很大程度上是以地的象征意义为主要考虑点，这也是堪舆术在早期的主要着眼点。到后来，人们在择地时既要择山水形势，又要选择年、月、日、时，以为子孙贫富、贵贱、贤愚、寿夭尽系于此，所以是千万大意不得的。这是堪舆术发展的一个大致脉络。鉴于此，堪舆术越到后来也就越发受人重视。在中国古代的墓葬选择中，帝王陵的选择应该是所有的墓地中堪舆术运用得最完善的典范。在民间，堪舆术的使用就要简单得多了。但是他们也会尽量地按自己所能做到的，来达到尽可能高的目标。按民间的一般目标，理想的墓地的总体环境应该是前有朝山，后倚来龙山，狮象或龟蛇山把守山口，河流、溪水呈金带状环抱其外。

就是说要自然环境优美壮观，不能有怪异、歪斜、险峻、低下的特征。正因为民间对于风水之地有这样一些认识，尤其是他们觉得风水的好坏还会影响到后世的发达与否，因此选风水宝地安葬死者就成为丧葬中间的一件重要大事。在吴越地区，过去一些有钱人家在生前就花高价请风水先生用数十年的时间去寻找风水宝地，还有的人家还请风水先生长期住在家中，专门为他家的人相地看风水。他们对墓地好坏的在意，从他们对这一行为的俗称中可以表现出来，江苏地区把择吉地，然后掘一深坑的做法叫做"打金井"，"金井"一词就可以说明他们对这一仪式所寄予的希望。

选择风水之地多倾向于葬在高处，所以民间习俗多倾向于把坟地选在山坡上，民间称出殡为"上山"。据考古发现证明，湖北地区的许多楚墓都选择在南北走向的自然岗地上，特别是越大的墓，地势也就越高，有的还紧靠湖水，具有明显的择高而葬的特点，显示了楚人喜好"凿山为陵"的风俗习惯，并且前景大多比较开阔，地势向阳。有条件的人家当然是要请风水先生择一块吉地，无钱的人家也要请亲朋好友来当参谋，帮忙挑选一块说得过去的土地来安葬亲人。

对墓葬方向的选择也体现一个地区或者一个民族一个时期的基本观念或心理倾向。春秋时期楚人的墓地大多东西向，战国时大多南北向。有学者说这是反映了楚人对势力发展方向的追求，也有反映对自己祖先所来地的向往。楚辞中有"狐死必首丘"的句子，就是以狐狸死后必把自己的头对准所来方向，比喻人死后亦同此理。

选择下葬的风水宝地

选择风水吉地安葬死者，用我们现在的眼光来看，确实带有较多的迷信色彩，它把后人的发达与否放在死者埋葬地点的好坏上，看似为一种荒唐之举。同时人死后花大量的财力物力和土地，去为死者修建一座坟墓，也是一种极大的浪费。但是我们撇开一些迷信的色彩和今人的观念，去用历史主义的观点看一下，可以发现古人对墓地的选择是有他们的一些比较合情理之处的，也有一些科学之处。首先对死者死后埋葬地点的选择，要体现宗法的观念，要使死者的坟墓尽可能久远的保存，所以为他选一个较好的安葬地点，是生者为本家族所作的不忘先宗的大事。为了避免墓地被水淹或者容易压塌，要选择较高之处和坚实的地方。其次，中国人传统丧葬观念中的事死如事生，也驱使亲人要为死者选一块住得好的地方，比如平坦的、宽松的位置，以便在另一个世界能过得好。再次，在信仰观念方面，中国人崇信鬼神，在选择墓地时，必须得考虑要避免邪祟的侵害，对墓地的考虑比生前居住地要更多一层。第四，出于敬祖的原因，认为死者死后就是回到祖先那里。因此，对墓地的选择也要考虑与祖先所来方向一致，这体现了中国人尊崇祖先的观念。只不过古人的某些观念我们今天可以换一种方式来表现，也仍然是对中国传统文化的继承。

下葬时的驱邪仪式

中国古老的民俗认为，当死者下葬的前后，虽然骨肉已将归于土，灵魂也升了天，但灵魂在一定的时候还会回到原处来，这叫做"回魂"。而且据阴阳先生的观点，魄在葬后的几天之内也还会从地里出来，随着魄的回来，就会有凶煞出现，而这种凶煞只有阴阳先生才能看得见，并且他还会推算出魄出现的高度、煞期的远近，等等。这时候丧家为了避免凶煞扰乱家人的生活，就要请阴阳先生或术士念咒作法。长江流域一带的巫风巫术十分盛行，对丧葬活动中这一类事情颇为重视，而且还有一套比较完整的做法，所以在下葬前后都要请阴阳先生对死者的周围进行驱邪的活动。

在四川做这种事情叫做"掩煞"。术士到丧家后，在屋里屋外的门壁上遍贴书符，他们认为这样做就可以护卫众人，免遭凶煞的危害。在湖南这一道程序是在安葬之前进行，他们认为鸡可以有掩煞的作用，便在安葬

「下葬」

之前把一只准备好的公鸡由堪舆者拿在手中，站在墓井中，用嘴咬破鸡冠，把鸡血滴在墓井的五方五位，口中还要念念有词，这就表示"掩煞"了。掩煞后将鸡一抛，鸡即飞跳出墓井，湖南人把这叫做"跳井鸡"。

湖北长阳地区的做法是：下葬的前一天就要"打井"，就是挖好墓坑，当灵柩抬到时，井内要用白布在八方布置，叫做"八卦米"，然后在坑内烧满纸钱，叫做"热井"。当这一系列的程序结束时，才能把灵柩放进墓坑。这其中的意思也与避煞有关。在江苏南部，是在尸体入棺后就举行这种驱邪仪式，办法是尸体入棺时请来巫师念咒语，巫师在空中挥舞厨刀，并用所赐的水洒在灵柩前面和尸体上，俗语叫做"斩煞"。吴越地区在送葬回来后，还不能笔直地走进家门，必须中途到佛庙里去烧一炷香。当地的人认为，送葬回来很可能有鬼尾随身后，而鬼是害怕佛祖的，所以人经过佛庙才有可能甩掉身后的鬼。

在死者的魄回来的时候，死者的亲人也要出门去躲避几天以免受到伤害。在江苏南部，这种习俗叫做"回煞"。时间在死者安葬以后的十余天内，这几天内亲属都要寄住在邻居家中，以避免与魂灵相遇，在江苏北部这种习俗被称为"避煞"。

除了这样一些逃脱式的躲避方式以外，他们还利用种种的巫术方法来避开鬼神，使它不敢前来扰乱。

人们对那些自己回来的魂魄具有这样恐怖的心理，他们会努力地在丧葬中避邪驱邪以保生者的平安，但让人似乎难以理解的是，另一方面人们却还要在一定的时间内去等待死者的魂灵回来，甚至还会去主动的把它招回来，这到底是怎么一回事呢？让我们来看看民间的招魂风俗吧。前面我们也曾讲到招魂，这里所讲与前面不同的是，这是在死者下葬之后的招魂。

杭州地区的人们认为，死者只有到了五七三十五天之后才知道自己已经死了，这时候就要回来探望亲友。而死者的亲属这时也认为死者是已经死定了，不害怕它会再回来扰乱生者的生活，这时他们就会做一些迎接死者回来的工作。他们往往在门口设一个望乡台，用门板搭台，摆供桌椅，椅子上披上死者的衣衫，上面撑一把伞，以招亡魂。这时候人们招魂的心理定势是认为死者已经死定了，招魂的目的只是为了让死者最后一次回家看看。而不是像前面的招魂，观念上是认为死者还未完全与人世脱离，魂灵还可以借助巫术

「五七后迎接死者回来的仪式」

的作用招回来，可以看出前后两次招魂作用和目的都是不同的。同时，不管什么样的招魂，都要由巫师或者某种道具来指引魂灵的路径，不能允许魂灵自由乱行，而辟邪驱邪的目的都是为了防止魂灵的乱行，由此祸害生者。

颇具特色的葬法

在古代墓与坟是两个概念，墓是挖穴埋葬死者以后再把土填平，就叫做"墓"。而坟则是在墓之上另外填土形成为一个拱起的土堆，叫"坟"。

颇具特色的葬法

墓室、葬法与葬具

在远古的时候，人们是墓而不坟，人死了挖一个坑，埋进去再把土填平，就算安葬了。后来人们逐渐地感到要在自己的亲人墓前立一个标记，以便天长日久之后，后人还能找到他的墓穴，因此由最初的在墓前竖立一个简单的标记，到将墓土堆高，再在上面或者旁边立一块自己认识的记号。据已知的史料，在周代以前已经出现坟了，《礼记》中所说："庶人……不封不树"，意思是贵族以下的平民百姓，是没有坟的，只有贵族才有坟。

"坟"开始只是一种便于让生者辨别墓地的一种标志，也是生者对死者一种崇敬心情和家庭伦理道德观的表现。到后来，人们大概为了能比较长久地保持墓地的存在，于是便在墓地上堆起大量的土，并且在土的旁边竖上一块结实的石碑，上面还刻上死者的名字和家属的姓名，以便后代一目了然地找到自家祖宗的坟地。

有些死者巨大的坟堆一直保存几千年都不塌陷，以至于我们今天看到它时，它还像一座小山一样耸立在那儿，就是一个证明。我们在湖北楚都纪南城附近，至今还可以看到大片的封土堆，那就是一大片楚国贵族的墓地。那堆土最高的坟，就是最大的墓，考古工作者判断墓主人身份的高低和墓的规模大小的重要因素，就是墓地的规模。

「未发掘的纪南城大型楚墓」

湖北省考古工作者发掘的湖北江陵天星观1号墓的坟丘是迄今为止所发掘的墓中具有最大封土堆的墓，它残存的面积是长和宽有30～40米，高9米以上，墓主人是楚国的一个封君，在当时的楚国封君的地位是相当高的。当地百姓把巨大的坟堆叫做"冢"。与此形成鲜明对比的是，在一些中小型的墓上，有的连低矮的坟丘都看不见。

在后来的汉族的墓葬习俗中，几乎没有不起坟立碑的，除非是怕人发现另有企图，才有意把墓掩盖起来不起坟。因此，在我们现在的概念中，墓与坟一般来说已经没有什么区别了，人们谈及墓时，基本上也就包括了坟。

「悬棺葬」

葬法是葬制的主体部分，葬法就是人们对死者尸体的处理方法。葬法的选用往往取决于人们对死亡的观念、对躯体的态度、各个地区的地理条件以及风俗习惯。由于各地区各民族存在的这些差异，因而对葬法的采用有着很大的不同。有的崇尚死者入土为安，因此就采用土葬；有的认为人死后必须让他的灵魂尽快地升天，因而推崇天葬；还有的认为人死后的灵魂不能继续留在人间，必须彻底毁灭，以免危害他人，所以他们采取火葬或者破坏葬；也有的希望死者能尽可能地在人间多待一段时间，因此采用的是停棺待葬。土层薄瘠的地方人们习惯于用崖葬、悬棺葬、洞穴葬等，靠近水边的

「天葬」

民族则习惯于用水葬等。所有这种种各具特色的葬法，构成了中国葬制中的颇具风俗民情的丧葬习俗。所谓"葬者，藏也"，"葬"在古代的意思就是"藏"，也就是处理尸体的方法。

还有几种特殊的葬法，只流行于少数人中，比如塔葬，流行于藏族极少数上层贵族中间的一种高贵的葬式。基本上是为数极少的大活佛才能享受这种葬礼。葬时用香料将尸体保存起来，然后放在金属塔内供人祭祀，

「塔葬」

这种葬法是直接秉承佛教的创始人释迦牟尼的衣钵，在我国可以说纯粹是一种佛教僧人的葬法。后来有些寺庙中的高僧死后，也采用塔葬，但地已经是一种变形的塔葬，它的方法是先将尸体火化，然后再把骨灰放进砖塔或石塔内。

凶葬　壮族人对在外面非正常死亡的人所实行的一种葬式，如被杀、枪毙、落崖、溺水或暴死的

颇具特色的葬法

年轻人，都用凶葬。方法是死者的尸体不得抬回家中，只能停在屋外，而且在下葬之前，要请道公做复杂的宗教仪式，为其超度，并为其作法驱鬼。他们的尸体也不能埋在祖宗的坟地里。

路葬 这是白族人非正常死亡后的葬式。当地的习俗认为，如果人死于非命，灵魂就不能进入天堂，也不能进入地狱，只能作为野鬼，在田野山间或村头巷尾游荡，就要将他埋到大路的正中间，上面压上石板，让千人踩万人踏，使其今后永不能超生。

「崖葬」

「路葬」

衣冠葬 这是中国所特有的一种葬式，就是棺椁内无有死者的尸体，仅以死者的衣服鞋帽为替代物。这一葬法在中国流行得比较久远，据说在新石器时期就已经出现这种葬法。一些出土的古代墓葬中，只见衣物，却没有尸骨，大概这是那些在战场上牺牲的战士们的坟墓。我们在前面讲到的悬棺葬中，有一些被打开的悬棺中，就只见器物没有遗骸，这也是一种衣冠葬。这种葬法人们仍然沿用至今。一些或从小失去父母，不知其所在；或父亲远游不归，寻觅无着；或在战争中死去的将士、在大海中失踪的亲人等，他们的尸骸无法收集，为安慰亲属和后人，也为其修一座衣冠墓，以寄托自己的哀思。如元末与朱元璋打仗的陈友谅，他的后人为他修了一座衣冠墓，就在今天湖北武昌的蛇山脚下。

墓室就是埋葬死者、安放棺椁或者其他葬具的地下土坑，它作为人死后的安身之所，从古代开始就受到人们的重视，人们把它看作死后居住的房子，古人说"宅，葬居也"，（《仪礼·士丧礼》郑玄注）就是对它的最好注释。最早的墓室一般都是在地上挖一个土坑，把人很简单的包裹一下就埋下去，而很少用棺椁盛尸体。相对于棺材来说，它的不同之处是，除了作为土坑直接埋葬人的尸体以外，也是存放棺材的处所。

古代的墓室大致上有四种，一种是土坑式的，一种是石块垒的，还有一种是木板筑的（木筑墓室这一部分我们放在棺椁墓这一类来谈），到后世还发展到有砖砌的墓室。最早的土坑墓室一般都是长方竖穴式，这大致上是以人体的形状来决定的，没有什么更多的考虑。早期考古工作者发掘的墓葬，都没有葬具，只是挖一个浅坑把尸体埋起来。后来发现的比较大型的墓葬，里面都有木制葬具，即棺椁。

「土坑式墓葬」

与土坑墓几乎同时的还有一种石结构的墓室。江苏、浙江和四川、云南等地，大多有这种墓室出现。最早的是距今大约六千年前的新石器时期的石棺，它是用天然的石片做成，石板嵌入泥土里做棺壁，再在棺壁上覆盖石板作棺盖。这可能是保存下来的最早的石棺墓。战国到西汉后期，四川地区曾经流行一种大石修成的墓葬，这种墓葬有三种类型，第一种是长方形的墓室，第二种也是长方形，只是墓室的门较前一种稍短一点，墓门开在前面。第三种形式是用碎石砌成圆丘状的冢堆，高约3米，直径13米，圆丘中部有一长条形的墓室，上面再用大理石覆盖。这些地区的人们时兴用石块做棺室来安葬死者，一方面是这个地区的石头多，使用起来很方便，还有一个原因就是这里的人自古以来就有崇拜石头的心理，出于对死者的尊崇，他们用石头做棺材埋葬自己的亲人，也是合于人之常理的行为。久而久之，也就积而成习，成为当地的一种风俗习

「云南水族的石棺」

惯了。云南地区的水族也流行石棺墓，在新中国成立前，这几乎是水族人的主要葬具。

棺椁的开始使用大致上是在新石器时代，制材不仅有木制，而且还有

颇具特色的葬法

陶制、石制的。"棺",一般指棺材,"椁"指棺材外面的套棺。

船棺在中国是一种比较特殊的葬具,它主要用在两种类型的埋葬形式中。一是悬棺葬,主要流行于四川、江西、湖北、湖南等地。船形的悬棺在四川地区是做成独木舟的形式,像独木舟一样。船棺除了悬在悬崖上或岩洞中以外,有时土葬的葬具也用船棺的形式,就是船棺样式的棺材;还有一种是用整块的圆木刳制而成,分盖和底两个部分,棺盖呈人字形屋脊状,整个棺木就像一座房屋模型。这种样式的葬具出现在江西的贵溪和四川的珙县两地。据史书上记载,以船形为样式的土葬棺大约起始于公元前四世纪的战国时期,它主要流行于四川的巴人中间。

「什邡战国船棺」

汉代还出现了一种前所未有的砖室墓,这种墓最初的出现是在战国时期,但那时还只是小范围的流行,到西汉时期开始广泛流行开来,甚至于有取代土坑墓的趋势。这一时期考古工作者发现了大批的砖室墓,它的主要特点是在砖室墓内把画像嵌入墓壁做成装饰,人们把这种墓叫做"画像砖墓"。墓内砖上的画像都是采用模印而成,然后再在上面涂上彩绘,画像砖上的内容非常丰富,反映了当时贵族的生活场景。砖室墓内极力模仿地上的宅院建筑,有象征仓厨和车马厩的左右耳室,里面放着陶器和车马饰;有象征宴享之所的前堂,多放置仿铜、漆器的餐饮用具;后室和侧室则作为墓主的寝居之所,用来放置棺木。当然这样奢侈豪华的砖室墓只能是在富贵人家才能享有,贫穷者和一般的老百姓是享受不了的。

「汉代砖石墓」

除了这几种主要葬具之外,古代的一些地区还有一些比较奇特的葬具,在小范围内流行,如水族人的"亩腊葬",它不是一种正式棺木,是用一些木板拼成的长方盒,用来装殓入土的死者,它一般用在十五岁以下夭折的小孩身上,表现了水族人对于十五岁以下夭折的小孩的心理忌讳。水族人对于因害麻疯病而死去的人的葬具,体现了一种对恶疾的生理忌讳。他们对这种人所用的葬具叫做"倒坛葬",或者叫"倒缸葬",他们把这样死的人火化以后,就将骨灰装入坛中或缸中,再用一口大缸倒扣过来,罩住它的口,把它封闭起来,然后再带到偏僻低洼或者终年不干涸的烂泥中去埋葬。民间认为用这种葬具安葬,可以杜绝类似的疾病流传,从这一点上讲,是有一定的科学道理的。

彝族人的陶质葬具与其他的民族有所不同,他们的陶葬具高达六尺,这是用来专门为死者站立在里面而设计的,彝族人把这种站立着埋葬的风俗叫做"冲天葬"或者"直葬",就是死者站着装进坛子里,然后直立着掩埋。他们的这种习俗来源于他们的观念,彝族人的祖先认为:人是站着走路的,也要站着死,头顶青天,脚踏大地,活着如此,死了也应该这样。

各地的陪葬习俗

在人类开始使用葬具之前,就已经知道用一些死者生前的心爱之物,作为死后一道随葬的物品。我们知道的最早的随葬物是在旧石器时代,那时候的人们可能还刚刚意识到死是怎么一回事,就已经知道把自己喜欢的东西随身带着。在考古学家发现的远古时期的墓葬中,已经发现了一些在当时看来很精致的装饰品。如磨制的石珠,日常用的石器、骨器等。人们那个时候把一些很稀罕的装饰品和日用品给死者带去随葬,大概是因为他们认为人死是到另一个世界里,仍然可以像生前一样劳动和生活,所以必须要有一些生前的物品带去给他使用。这种观念在很长的时间内,一直支配着人们的思想。后来的人们还有一种理论上的论述,那就是中国的孝道观念,对待死者要像对待生者一样,所谓"事死如事生"。对待已死去的父母亲人,要像他们还活着一样的照顾。在这种观念的支配下,中国古代的丧葬一般都比较讲究厚葬。厚葬的一个重要内容就是注重随葬品,随葬品的多少好坏是检测亲属对死者的态度的一个标尺。所以在这种观念的支配下,中国的陪葬制度一直延续了几千年之久。其间有起有落,但始终是

颇具特色的葬法

中国丧葬习俗中的一股主流，直到近现代这种厚葬观念才有所改变，但这种丧葬习俗却一直保存了下来。它与所有其他的丧葬习俗一样，也有着地位和等级的差异，而且它比其他的习俗更注重等级和地位，这是人们认为在地下的生活与地上的生活是一样的，死了以后在阴间里也还有高低贵贱叔仲伯季之分，因此都生怕在地狱里地位比生前低一等。所以陪葬品是能够很清楚地说明死者生前的地位和身份的，它是死者生前的地位在另一个世界里的反映。

棺和椁之间一般都不是紧密的靠在一起的，二者之间要留有一定的空隙，以便存放一些陪葬品。所以椁就成为一种室，即考古的术语所说的椁室。椁室有大有小，根据人物的地位和财富而定。有的椁室很大，几乎就像一间大房子。

「曾侯乙墓」

我们现在可以见到的比较典型的一种有棺有椁而且椁室明显的墓，就是湖北随州发掘的大型楚墓——曾侯乙墓。这是我国近些年来发掘的一座最大的君王墓，曾侯乙是曾国的诸侯王，他的墓葬的棺椁形制比较有代表性。首先是椁室很大，里面分为东西北中四室，各室都有不同的用途。东室是放置墓主棺材的地方，它比其他各室的位置都要高一些，旁边还有陪葬棺八具，殉狗棺一具。另外还有一些兵器、乐器、漆器和金器，这相当于主人生前的主卧室。西室内放有陪葬的棺材十三具，这里大概相当于君王的侍卫们所居住的房子。中室大概是供主人在地下祭祀或者玩乐消遣的场所，所以放置了许多礼器、乐器和一些饮食用的餐饮食具。北边一间椁室放置的主要是兵器、车马器和一些竹简，这里大概相当于君王处理国家大事的办公室。这样一个宽敞有序、划分细致而又设备齐全的椁室，俨然是一个君王在地下办公娱乐的宫殿。这是一种四椁二棺的葬具，二棺分内外两层，两层棺都各有自己的特色，其完整的程度和制作的精美是出土的墓葬中所少见的。外棺的特点是铜木结构，棺身由铜框架组成一个铜方框，上面立十个铜柱子，下面装十个铜足，再加上铜框架的盖组成，周围嵌上挡板和壁板，就成了一具坚固结实的棺材。

内棺用木头制作，由四块挡板和底板加上一个棺盖组成。棺材的外观也十分讲究，内棺的盖和两侧为弧拱形，内外都有髹漆，尤其是外表的髹漆十分讲究，为黑底色，上面再涂上一层红漆，然后再在红漆上用墨、金等色绘制出十分繁复细致的花纹。外棺的棺身上共有二十组图案，两侧各六组，两端各四组，每组的图案基本相同，都是以阴刻线与朱绘线中间施黄彩，形成为蜷曲的勾连纹。花纹并没有特殊之处。与此相比，内棺的花纹就要精致和考究得多。首先内棺上的漆灰泥就厚达0.2～0.4厘米，最后全棺遍涂红漆，再在红漆上用墨、金等色绘成异常繁复的图案，图案由龙、神兽、武士、鸟等花纹组成，恰似一幅古代人神兽相处的神话图。陪葬棺有两种形式，一种是与主棺的内棺相同的弧形棺，一种是周边均为平直的方棺。棺的底部均有一定的悬空度，这两种棺都是我们在楚地所常见到的悬底棺。汉代出土的马王堆墓中的棺椁也是颇具特征的，与春秋战国时期相比，它的质量又要提高了不少。马王堆一号汉墓的墓主是一位长沙王，也就是长沙国的丞相，他用的是四层套棺，比曾侯乙墓要多了两层。各层棺的髹漆颜色也不相同，外棺为黑漆素棺，二层棺是黑底彩绘棺，上面绘有复杂的云气纹以及许多神怪、禽兽图像，三层棺为朱底彩绘棺，彩绘龙、虎、猪、朱雀、仙人等瑞祥图案。内棺内髹朱漆，外髹黑漆，再饰以绒圈锦和羽毛贴花绢，真是极尽能工巧匠之能事。后世的棺椁大致上也都是这样一种形式，即有棺有椁，棺上髹有彩漆，底下悬空，周围呈弧形。当时地位较高的官员也有椁有棺，只是规模不可能像曾侯乙墓和马王堆墓那么豪华气派，面积要小得多，比如椁只分成几个部分，有头箱和左右边箱，足箱和棺箱。有学者认为头箱象征着宫室中的前堂，棺箱象征寝室，边箱象征侧房，足箱则象征北堂和下室。

　　当时一般官员的棺材就没有这么多的讲究，他们大多是棺与椁合为一体，就是将棺材做得稍宽大一点，宽的部分做为边箱，以便存放随葬物。边箱有多有少，有的只有一个，有的则要设几个，目的是为了能多放一些东西。长的部分做为头箱。至于贫穷的老百姓只要稍有一点财力做得起棺材的，都至少要带一个头箱，在头箱里放上一点随葬物，以表示亲人的心意。这与后世的棺材具有不同之处。后世汉族人的棺材大多数是这种木匣式的，以若干块木板镶合钉制而成。在南方比较讲究的木料大多是杉木，

颇具特色的葬法

「楚墓边箱」

棺材的式样以"四合头",即用四大块木料镶合而成的最为讲究。其次为"六合"、"十合"。外形是一头大,一头小,一头高,一头低。棺盖略呈弧状,从整体来看好像是长方形,在棺内看,则两端的大小是一致的。死者入棺时,头在小的一端,脚在大的一端。外面多髹黑漆。有些地方也有髹红漆的习惯,如湖北的秭归、罗田等地区,凡年满六十岁以上的老人都要把棺材漆成红色。据说这一习俗起源于战国时代,当地的人传说,自屈原投江以后,就有神鱼背负着他的尸体,溯江而上,一直到秭归故里。故里的父老乡亲感慨于屈原的忠贞,就以红色的棺材把他装殓起来,秦朝的官员听说后,便派人去稽查,乡亲们为保护屈原的棺木,连夜赶制出上百余口红棺材,使秦朝的官员只好放弃稽查。自此以后,当地的老百姓去世,就以红棺安葬,几千年一直这样相沿成俗。此外这里还有一些习俗,就是在棺木里面漆成红色,外面漆成黑色。其实这也可以从另一个侧面证明楚人有崇尚红色的风俗。

陪葬品大致上可以分为两大类,一类是物的陪葬,一类是人的陪葬。前一种陪葬几乎人人都可以拥有,只是多少之分。而后一种,则是少数富贵者在一定时期里的专利。物的陪葬从旧石器时代就开始了,起初人们是用真实的东西去陪葬,我们从一些考古发掘的墓中可以发现,出土的很多实物,就是死者生前使用过的用具,死后就随着一起埋葬了。到后来大概人们发现把生活中的实用器具用作陪葬,太不划算,埋葬了就意味着生活中少一件用具,特别是那些价值比较高又难以生产的器物,尤其为人们所珍惜。所以后来人们就开始制造一种仿效实用器具做的专门的陪葬器具,就是后来的明器。人的陪葬大约是从原始社会晚期,阶级社会形成之时开始的。应该说它是阶级社会的产物,特别是在奴隶社会时期,以人陪葬的人殉制度发展到顶峰,随后人殉逐渐开始被陪葬俑所代替。汉代以后,人殉已经不是一种主要的陪葬习俗,只是一种偶然的现象。

陪葬的习俗各地有很多种,长江流域各地区的习俗都各有一些自己的特殊风俗。我们把这种风俗大致分为几类,一种是陪葬品的选择,一种是陪葬品的放置，还有一种是陪葬品的处理。

选择用来作为陪葬的物品，可以分为两类，一类是随着人的身体一起陪葬的东西，也就是附着于身体的物品；一类是放在尸体旁边的身外之物。身外之物可以分为礼器、生产生活用具、娱乐器具、装饰品和食物等。随着身体陪葬的东西，根据各地的习俗和信仰，有很多种选择。在太湖平原和杭州地区，那里的人大多喜欢

「熊家冢随葬玉器」

以玉石随葬。在这个地区新石器时代的墓中，发现了很多玉器、玛瑙、绿松石等装饰品，种类繁多，有的墓出土的数量还不少，说明这个地区盛产玉石，玉已经走进了人们的生活中，人们把玉石作为一种美好的装饰品看待，并且作为陪葬的重要器物给死者带到阴间去保佑死者平安。

人们认为身体是自己最可靠的地方，所以最有用和最有价值的东西，贴身放为最好，因此这些随身陪葬的东西，是死者的家属认为应该让死者在阴间享用的物品。一种是放在死者口中的物品，叫做"含口"。含口的质量有多种多样，但更多的是以玉作为含口，这是因为古人认为，以玉敛葬，可保护尸身不腐，使复活再生成为可能这是汉族人一种比较普遍的做法。玉塞也是有钱的人家喜欢放在死者身上的一种玉器，一般放于人身体的七窍或者九窍。它源于这样一种种信念："金玉在九空与，则死人为之不朽"即放了这些玉器人就不容易腐朽。玉握为死者手中握着的器物，古人认为死时不能空手而去，要握着财富及权力。贴身放这样一些东西还有一个目的，就是为了让死者在去阴间的路上能够对付地狱里的鬼，它对于死者来说，是具有实际意义的东西。这是由一种由民间的迷信观念支配的一种习俗。

巴蜀有一些与其他地方不同的习俗，巫山大溪地区的墓葬中出现以鱼随葬的现象，有的墓是把鱼放在死者身上，有的则是把鱼分别垫在死者的两臂下。还有一种奇怪的现象是，一位年龄大约居于中年的男性死者，把两条鱼尾含在口中，鱼头则放在腹部上。对这一现象的解释至少有一条是

颇具特色的葬法

可以肯定的，那就是这个地区在当时肯定是渔产区，此外我们还可以断定，当地人对鱼是有好感的。有学者认为这是一种与原始巫术有关的习俗。

陪葬中另一项主要的内容是身外之物，它包括生活用具、生产工具、装饰品、祭祀的礼器、乐器、兵器、钱财等。根据各地各民族的不同情况，陪葬的种类各有不同。这除了因为地理环境、身份地位和经济条件的原因和在陪葬物品上的差异以外，还有一些风俗习惯上的区别。

进入到阶级社会以后，这种陪葬的风气更加浓厚，这除了当时的生产力水平得到提高，经济条件提高以外，人们对于灵魂的更加看重也是一个重要因素。当时稍有地位和经济条件的人都要随葬各种器物，有的大墓随葬的器物之多、之精，真是令今人惊叹不已。比如楚墓中，我们可以看到一些楚地的随葬习俗。楚人喜欢随葬的主要物品，除了一些比较流行的陪葬品以外，还有一些是很能代表楚地自然特征的，如楚墓中比较多见的漆木竹器，其中一些造型和制作都颇为精良，这是因为楚地盛产竹子和木料，并且制漆业也相当发达，当时的楚人可以制作出各种造型的漆器

「九连墩楚墓随葬漆器」

模型，然后再抛光髹漆彩绘，就成了一件精美的漆制用具。在比较大型的楚墓中，都可以发现这种制作精良的漆制器皿。第二是楚墓中常随葬丝麻制品，凡有条件的墓中，都有一些织造精细的丝织物，有的甚至大量的随葬在墓中，比如江陵马山一号墓中出土的棺椁中，死者身体上穿的盖的，计有各种各样的丝织品达三十五件之多，从保存完好的丝织品来看，当时楚国的丝织水平

「九连墩楚墓随葬漆器」

是相当高的。楚人以这些在看来应当算是奢侈品的物品陪葬，可以看出楚人对随葬品是多么的重视，还表明当时楚国经济水平已经相当高。

楚墓中还有一种常见的随葬器物——兵器。大凡男子的墓中，都出有剑、戈或者其他武器。在江陵雨台山发掘的558座楚墓中，就有216座墓出有各类兵器。按墓葬中死者的性别来划分，这大约一半的墓应该是男性墓，所以，应该说几乎男子的墓中都出土了兵器，因为还有一部分小孩和老人的墓是应该排除在外的。其中的原因就在于楚人尚武，特别是在战国时期，楚人大举扩张，拓宽疆土，尚武之风在国内颇为盛行，所以随葬兵器就成为一种风气。

> 在楚墓中还有一种最具楚国特色的东西，那就是被一些考古学家称为"镇墓兽"的器物。它的用处是为了安慰在冥府中的君主——土伯，让它不要加害于死者。

张正明《楚文化史》在楚国的墓葬中发现了很多随葬的镇墓兽，其造形千姿百态，但共同的特征是：下面有一个方座，中间有一躯干，上面是头部，顶上插有鹿角，面部像虎而身体像牛。早期的镇墓兽造型比较简单，越到后来造型也就越复杂和精细，这说明人们对于镇墓兽的比较清晰的认识也是有一个过程的。楚人为什么要在墓中随葬这样一种造型奇特而又四不像的怪兽呢？这与楚人迷信鬼神的传统有关，楚人对于人死后在阴间要与鬼神打交道深信不疑，他们的办法就是埋一个镇墓兽到墓里去，与鬼交涉，让它不要加害于死者，这是生者对于死者的良苦用心。在楚地的墓葬中出土了相当多的镇墓兽，据统计，已有二百余件，它们大多集中在战国时期，可以看出这一段时间之内，楚人对于鬼神的崇信达到一个前所未有的程度，形成这一个时期墓葬的一大特色。此外楚国的墓中这时还出土了一种特有的器物，它是一种用木头雕好以后，再髹上漆制成的，形状像一只鸟，却有鹿的角，有的脚下还踩着一只老虎，有的则是两只长着鹿角的鸟共同衔着一只鼓，下面同样也是踩着一只老虎，今人把它叫做虎座鸟架鼓。这种形状似鸟长着鹿角的动物造型，是楚墓中

「楚墓出土镇墓兽」

颇具特色的葬法

所特有的一种器物，有学者把这种鸟叫做凤鸟，说是楚人崇奉的图腾，也有说是楚国奋发腾飞的象征，总之是战国时期楚墓中很突出的一种随葬风俗，凡有一点地位的贵族，差不多都要随葬一只这样的凤鸟。

随着丧葬活动中随葬行为的盛行，也伴随着对死亡有了进一步认识，人们逐渐感觉到用真实的器物随葬花费太大，民间开始用一些实物的替代品用于丧葬中，这种器物叫做"明器"，也称为"冥器"或"盟器"。明器根据各种器物的质量选用各种替代品，如日常使用的器物一般用陶土、竹木、石头做成，有些东西则用纸制品替代，如钱币等，还有一些贵重的金属器物是用较次一些的金属如铅、锡等代替。在楚国的一些中型墓中，经常可以发现一些仿铜的陶礼器，它的规格和式样与铜礼器一模一样，有些甚至在表面上还涂上一些黄颜色，这些一般都是一些中小贵族的墓，他们为了达到礼制所规定的标准，于是就用仿铜的礼器代替实物随葬墓中。有些大贵族也采用这种方法处理随葬品，他们在随葬了一定数量的铜礼器后，为了凑足礼器的数量，也用一些仿铜礼器来代替。这种行为大概可以说明两个问题，一是死者的经济力量不足以完全用真实的礼器来随葬，二是当时以明器随葬已经成为一种风气。在一些中下层贵族和平民的墓中，这种以明器随葬的现象更为多见，在湖北发掘的一些下大夫的墓中，随葬的器物基本上是齐全的，如礼器、乐器、车马、兵器等，但除了少量的是实物外，大部分都是明器，一些士的墓中几乎全是明器，有些男子的墓中甚至作为兵器的剑、戈都以仿造的木制品随葬。这些无疑说明以明器为随葬品的风俗，在长江中游地区的民间已经广为流行。

用纸做的冥币随葬是从汉代以后才有的，最初人们也是用实用的钱币作为随葬品，在春秋时期的一些墓中都发现了各诸侯国使用的钱币，如楚国的金币——蚁鼻钱，有很多就是在墓葬中发现的。四川地区的一些石棺墓、船棺墓中也发现了一些秦汉时候的半两钱或五铢钱等。西南一些少数民族也常用钱币随葬，如苗族人常常将几两白银随葬死者，纳西族人习惯于在死者的口中放一些碎银子，作为给死者在阴间的本钱。还有一些以实物代钱币的做法，意思都是为死者随葬一定的钱财，让死者到另一个世界有钱花。

到宋代以后，以纸明器随葬的风气就开始流行了。以纸制品为明器

「湖南长沙麻林桥出土的南朝刘宋元嘉十年徐副买地券」

最初可能起源于买地券一说,它把纸币以买地券的形式放在墓中,买地券就是一种名义上的土地契约,象征着死者对墓地的所有权。这种形式最早发生在汉代,魏晋时人们开始把这种钱叫做纸钱,到唐宋以后,纸钱开始十分盛行。元明清以后,除了以纸币随葬以外,死者的亲属还要用纸扎许多的纸马、纸人、纸房子等。此外,各地都根据当地的习俗,用纸扎各式各样的金钱人马、彩帛衣服等用品,为死者随葬。这些纸扎的用品,在开始的时候也是随着死者埋入坟墓,后来人们逐渐的改变方式,把它们在坟墓前进行烧毁,这就象征着给死者带走了,这种习俗一直到现在还在流行。到唐宋时期,买地券还有用刻成石碑的形式放入墓中,这样应该更易保存,时间也更为长久。

在长江中游地区的长沙、江陵等地,汉代还出现一些用木船或者陶船模型随葬,这也是这一地区的地理条件决定的。到经济发达的汉代以后,显示地区经济发展特点的器物作为随葬品的趋势日益显现出来。在长江流

「四川广元磁窑铺宋代墓中出土石刻买地券」

域地区的表现,就是具有此地特色的瓷器大量地出现在墓葬中,起初主要是一些形制较小的陶瓷器,如杯、盘、碗、壶、果盒等饮食器皿和熏炉、唾盂、虎子等生活用具。

少数民族陪葬的其他物品,大多数是生产和生活用品,如农业民族的随葬品大多与农业生产有关;渔猎民族的随葬品大多与渔猎经济有关;而畜牧民族的随葬品则在一定程度上反映了畜牧生活。尽管如此,就随葬

颇具特色的葬法

品的种类大体上分类，可以分为生产、生活和装饰品三个大类。长江流域的少数民族大多是农业民族，也有一些是农业兼畜牧，他们的陪葬品大多反映出这一特点。比如傈僳族人给死者的陪葬品是他生前所用过的日常生产以及生活用品，像砍刀、弓弩、箭包以及生前所喜爱的饮酒吃饭的竹桶木碗等；如果是女的，就把她生前所用的织麻工具、麻布挂包、煮饭用具等作为陪葬。但傈僳族人的这些用作陪葬的东西，都必须把它损坏以后再用。如背兜必须是破的，好碗也必须打破，他们认为如果把好东西拿去给死者陪葬，他们在阴间就会永远受虐待。

贵州苗族人的陪葬习俗中，也有这种观念。苗族人埋葬死者时，要把放在灵前的三个新碗打破，再让他带到阴间去。或者在死者入殓前，把他的衣服一一剪破，或者烧一个洞，他们认为这样做，死者到阴间以后才能享用这些东西。这种把器物损坏以后再随葬的现象出现得比较早，据考古工作者发现，在西安半坡时期就有这种习俗出现。西安半坡的仰韶文化遗址中，有不少的随葬品都是已被破坏后埋葬的。但到后来的一些墓葬中，也没有发现把器物损坏后再陪葬的现象，这种现象只是在一些少数民族的习俗中反映出来，因此可以说这是一种比较早期的风俗习惯。把日常生产和生活的用品作为陪葬品，说明人们把死看作是到另一个世界里去生活，所以把日常用品都要带上，这种观念大致上代表各民族的一般心理意识。

有一些民族对于陪葬品还有一些禁忌，比如贵州的苗族人忌讳用铜器、桐油和棉花随葬，他们认为铜器有腥气，用铜器陪葬会破坏墓地的龙脉，因此会招来天灾人祸；桐油臭气大，放进棺内会使死者坐卧不安，危及活人，甚至会导致倾家荡产；棉花会膨胀，用它随葬，子孙后代会成为聋子。这种种禁忌其实都是人们的迷信观念使然。

用人殉葬是产生于原始社会晚期到阶级社会初期的一种社会现象，在原始社会，这是当时人对于享有权威地位的家长的一种"从死义务"的反映。到阶级社会后，则是贵族统治者为了实现在另一个世界里对生前被统治者的继续统治，而产生的一种社会现象和礼俗。

这种习俗到春秋时期就基本上被当时的礼法和习俗所摒弃。夏商时期的人牲现象主要出现在黄河流域的中原一带，而且发现的这样的墓葬比较少，而长江流域则还没有发现过这样的墓葬，但我们从春秋时期楚国人的谈话中可以知道他们是曾用过以人为牲的，在《左传》昭公十一年上记载：楚王灭了蔡国，要用蔡国的隐太子为人牲，楚国的大夫申无宇就说，这是不祥的兆头，如今五牲都不再用作祭祀了，何况用诸侯呢？这是长江流域曾经有过以人为牲的证据。

　　人殉的现象在新石器时代就已经存在了，考古工作者在河南仰韶文化的大墓中已发现用人殉葬的事例，这时候主要是用幼儿为成人殉葬，女子为男子殉葬。到商代人殉达到一个高峰时期，人殉成为一个普遍的现象，在一般的墓葬中都比较容易发现人殉的现象，少则一二人，多则数十人乃至上百人。在湖北盘龙城的李家嘴墓内，考古工作者就发现了人殉的遗迹，但是这种发现到目前为止还是十分稀少的。到春秋战国时期，人殉的风气迅速下降，如果这时有某人出来说要以人殉葬，大多数会受到舆论的谴责。但是以人为殉葬的风气只是在中下阶层中衰落，而在上层贵族的生活中却仍然存在，这一点我们也可以从已经发掘的墓葬中找到实例。在安徽寿县的蔡昭侯墓中，有殉葬者的遗骸；在湖北随县出土的曾国国君曾侯乙的墓中，人们也发现了21口装有女性死者的棺材，她们年龄都在13岁到25岁之间。这些女性很明显是作为曾候乙的陪葬者被活埋于墓中。她们或许是曾侯乙的妻妾，或者是他的侍女，总之是生前陪伴在曾侯乙身边女人。当曾侯乙死后，她们就理所当然的成为他的殉葬品。这种随葬的风俗与中原地区是大体一致的。

　　当人殉的现象逐渐淡化以后，这种风俗并没有完全消失，取而代之的是以木俑陪葬，以代替人在阴间陪伴死者。当春秋战国之时，以木俑作为陪葬品，在很多没有人殉的墓中出现。楚墓中这类现象比较多见，一般都发生在中小型墓中，最多的要陪葬8件木俑，最少的也有一至两件。而且这种以木俑陪葬的现象不仅发生在没有人殉的墓葬中，在有些以人为殉的墓中，也同时出有木俑，大概死者以为陪葬的活人数量还远未达到他所要求的标准，所以还要加上一定的木俑来顶替。看来即使在以人为殉葬品的上等贵族中间，人殉也在逐渐的减少，而以木俑代之。到汉代以后，人殉的现象基本上不再出现，偶然有少数的墓中发现人殉。总的来看，人殉在中国古代的丧葬中已经不成为一种流行的风俗。

图书在版编目（CIP）数据

婚丧礼俗 / 顾久幸编著. —武汉：长江出版社，2019.6（2023.1重印）
（长江文明之旅丛书. 民俗风情篇）
ISBN 978-7-5492-6511-4

Ⅰ. ①婚⋯ Ⅱ. ①顾⋯ Ⅲ. ①长江流域—婚姻—风俗习惯—介绍②长江流域—葬俗—介绍 Ⅳ. ①K892.22

中国版本图书馆CIP数据核字（2019）第105259号

项目统筹：张　树
责任编辑：贾　茜　苏密娅
封面设计：刘斯佳

婚丧礼俗

刘玉堂　王玉德　总主编　顾久幸　编著
出版发行：上海科学技术文献出版社
地　　址：上海市长乐路746号　200040
出版发行：长江出版社
地　　址：武汉市解放大道1863号　430010
经　　销：各地新华书店
印　　刷：中印南方印刷有限公司
规　　格：710mm×1000mm　1/16
印　　张：10
字　　数：136千字
版　　次：2019年6月第1版　2023年1月第2次印刷
书　　号：ISBN 978-7-5492-6511-4
定　　价：39.80元

（版权所有　翻版必究　印装有误　负责调换）